今を考えるための近世思想

時代と向き合った日欧16人の思想家

徳永哲也 著

晃洋書房

まえがき

本書は、ルネサンス、宗教革命、市民革命というヨーロッパ近代前半（近世）の社会思想史を、同時代の日本社会の思想史と並行して一冊にまとめた、他に類のない書である。

ホッブズからルソーまでを社会思想史の定番として扱う書は世にたくさんある。マキアヴェリやカルヴァンの思想書も探せば見つかる。しかし多くは、おおまかな概説になってしまい個々の思想が浅くしか書かれていない。深く書いてあるものを見ようとすれば、思想家一人ひとりの著書や研究書を読み重ねる必要が出てきて、学生や一般の人々に向けて提示することも大幅に引用することもしにくい。ならば私自身が読み重ねて、そのうえでコンパクトにまとめよう。人物史も適度に説明し、思想内容も過不足なく伝えられるようにしよう。そう考えた。

そのとき、同時期の日本社会の思想も並行して一冊に入れられないか、という構想を抱いた。所属大学で哲学・思想の専門家は私一人なので、担当諸科目のテーマを振り分けたとき、哲学や倫理学とは別に、ヨーロッパ社会思想史を学んでもらうこと、そこに日本思想史を取り入れることを決断したのである。古代からの哲学史や、現代哲学や、応用倫理学、それらとは別の、日欧社会思想史、というわけである。

準備には年数をかけた。研究メモや講義ノートを書き溜めて、論文にも発表した。日本思想は元々の専門ではないので、学会や自主研究では意識的に研鑽を深めた。そうして出来上がったのが本書である。ヨーロッパ社会思想史だけでも、旧来の説を踏まえながら近年の研究動向にも目配りしている。日本思想を社会思想史として論じ、このように一冊にしたものは珍しいが、ましてやヨーロッパ思想史と日本思想史とを併記したものはもっと珍しく、唯一の書と言ってよい。

取り上げた思想家の生没年で言えば、例えばホッブズが一五八八―一六七九年で林羅山が一五八三―一六五七年である。ルソーが一七一二―一七七八年で安藤昌益が一七〇三―一七六二年である。たんに生きた時代が近いだけではない。どんな社会背景でその思想が生まれたか、どんな斬り込み方をもってその思想が時代を切り拓こうとしたか、そこにはヨーロッパでも日本でも相通じる、哲学的使命が垣間見える。その「時代と向き合う思想家の人生」には、近世独特の変動期を背負う思想史的意義があり、二一世紀の変動期にある私たちが、「今を考える」ための歴史的教訓を与えてくれる。本書を『今を考えるための近世思想』と題し、『時代と向き合った日欧16人の思想家』と副題をつけたのは、そんな思いからだ。

特に日本の近世、江戸期への着眼は有意義だと考えている。ヨーロッパは市民革命という大変動期であったその時代に、日本は鎖国という閉塞と停滞の時代だったではないか、という表面的な時代理解を、本書は打破したい。ヨーロッパの一七、一八世紀と日本の一七、一八世紀を併記する意味はそこにある。

読者の皆さんは、必ずしも前から順に読み進める必要はないが、できれば第1章のヨーロッパ近世を概観するページを読んでから興味あるヨーロッパ思想家の章に向かうように、そして第10章の日本近世を概観するページを読んでから興味ある日本思想家の章に向かうように、お勧めする。そして、彼らが向き合った時代と、今を考える私たちの時代とを比べながら、今をどう生きるかの参考にしていただければ、幸いである。

日欧16人の思想家　生没年一覧

マキアヴェリ	1469―1527
モア	1478―1535
ルター	1483―1546
カルヴァン	1509―1564
ホッブズ	1588―1679
ロック	1632―1704
モンテスキュー	1689―1755
ルソー	1712―1778
林羅山	1583―1657
中江藤樹	1608―1648
山鹿素行	1622―1685
伊藤仁斎	1627―1705
荻生徂徠	1666―1728
本居宣長	1730―1801
石田梅岩	1685―1744
安藤昌益	1703―1762

目次

まえがき
日欧16人の思想家　生没年一覧

第1章　ヨーロッパ近世への視座……1
1　西洋社会思想史における近世（3）
2　ルネサンスと宗教改革（4）
3　啓蒙主義と市民革命の時代（8）
4　近代化の社会思想史的意義（11）

第2章 マキアヴェリの君主・共和論の「共存」……17

1 マキアヴェリはマキアヴェリストか (19)
2 君主制支持論と共和制支持論 (21)
3 マキアヴェリ「君主・共和」思想への評価 (27)
関連人物コラム1 トマス・アクィナス――中世の「完成」と近代への「架橋」 (30)

第3章 トマス・モアのユートピアの「虚構と真実」……31

1 ルネサンス人文主義者トマス・モアの苦悩 (33)
2 イングランド社会批判とユートピア思想 (36)
3 ユートピアを語る意義 (40)
関連人物コラム2 エラスムス――トマス・モアの盟友 (43)

第4章 ルターの宗教改革の革新性と保守性……45

1 原点回帰としてのルター改革 (47)
2 ルターの生涯と思想の要諦 (49)
3 ルターへの社会思想史的評価 (54)
関連人物コラム3 ウィクリフとフス――ルター改革の先駆者 (58)

第5章 カルヴァンの宗教改革と「戦う教会」……59
1 ルターからカルヴァンへ（61）
2 カルヴァン主義＝カルヴィニズムの特色（64）
3 カルヴァンへの社会思想史的評価（67）
関連人物コラム4 ツヴィングリ――ルターとカルヴァンの間に（72）

第6章 ホッブズの国家（コモンウェルス）の両義性……73
1 ホッブズの生きた時代（75）
2 ホッブズ思想と「契約国家」の要点（79）
3 ホッブズへの両義的評価と思想史的位置（83）
関連人物コラム5 ボダン――ホッブズの前の国家主権論者（86）

第7章 ロックの近代性と近世的限界……87
1 ロックとイングランド市民革命（89）
2 ロック思想と近代政治（91）
3 所有権思想の評価点と限界点（96）
関連人物コラム6 リルバーンとウィンスタンリ――市民革命の急進主義者（100）

第8章 モンテスキューの権力分立論と時代的限界性 …… 101
1 フランス王政下のモンテスキュー (103)
2 三大著作と近代的政体 (105)
3 モンテスキュー思想の評価点と限界点 (111)
関連人物コラム7 ヴォルテール——ヨーロッパ一八世紀自由主義の象徴 (114)

第9章 ルソーの人民主権論の理想と現実 …… 115
1 数奇な人生、矛盾と苦悩のルソー (117)
2 社会思想家としての著作 (121)
3 ルソー思想の魅力と混沌 (125)
関連人物コラム8 ディドロとダランベール——百科全書派の人々 (128)

第10章 日本の近世とは何か …… 129
1 西洋社会思想史から見る日本近世 (131)
2 「近代の種まき」としての安土・桃山期 (132)
3 江戸幕府「支配」の逆説 (135)
4 近代への助走路としての近世江戸期 (138)

第11章 林羅山の日本朱子学と「官の学」……143
1 朱子学の概要 (145)
2 朱子学の伝来と林羅山による「官学化」 (148)
3 羅山朱子学の社会思想史的意義 (151)
関連人物コラム9 藤原惺窩――林羅山の師 (153)

第12章 中江藤樹の日本陽明学と「民の学」……155
1 陽明学の概要 (157)
2 陽明学の伝来と中江藤樹による「民の学」 (159)
3 藤樹陽明学の社会思想史的意義 (162)
関連人物コラム10 熊沢蕃山――中江藤樹の一番弟子 (164)

第13章 山鹿素行の古学と「武士道ならぬ士道」……165
1 素行の古典研究と独自の古学への道 (167)
2 「武士道」ならぬ「士道」という新時代精神 (170)
3 古学に見る「時代精神」の意義 (173)
関連人物コラム11 山本常朝――「士道」ならぬ「武士道」 (177)

第14章 伊藤仁斎の古義学と「日用人倫の学」……179
1 仁斎の「古義」への道 (181)
2 古義学の精神と「日用人倫」 (183)
3 「仁斎学」の社会思想史的意義 (186)
関連人物コラム12 伊藤東涯――仁斎学というより仁斎・東涯学？ (189)

第15章 荻生徂徠の古文辞学と「為政者責任」……191
1 徂徠の古文辞学の確立 (193)
2 治世の学としての「経世済民」 (195)
3 「徂徠学」の社会思想史的意義 (198)
関連人物コラム13 室鳩巣――赤穂「義士」をめぐる徂徠の論敵 (201)

第16章 本居宣長の国学と「日本人精神」……203
1 宣長たちによる「国学」の誕生 (205)
2 「漢意《からごころ》」からの脱却と「もののあわれ」という日本人精神 (208)
3 国学の日本思想史における意義と影響 (211)
関連人物コラム14 賀茂真淵――本居宣長との「松坂の一夜」 (215)

第17章　石田梅岩の心学と「町人道徳」……217
1　梅岩の「石門心学」の樹立（219）
2　「四民」の職分と商人の道（222）
3　心学の社会思想史的意義（225）
関連人物コラム15　鈴木正三――梅岩より前の職業倫理論者（228）

第18章　安藤昌益の自然思想と「農の哲学」……229
1　昌益、医業から自然哲学と社会思想へ（231）
2　「自然世」と「直耕」の思想（235）
3　「早すぎた」思想の現代的意義（239）
関連人物コラム16　狩野亨吉とノーマン――安藤昌益の発見者（242）

あとがき……243
参考文献……245

第1章

ヨーロッパ近世への視座

ヨーロッパ近世思想家　生没年一覧

マキアヴェリ	1469――1527
モア	1478――1535
ルター	1483――1546
カルヴァン	1509――1564
ホッブズ	1588――1679
ロック	1632――1704
モンテスキュー	1689――1755
ルソー	1712――1778

1　西洋社会思想史における近世

(1)　ヨーロッパ近世への理解

英語の modern は近代から現代までを幅広く包括する。日本の「近世」(＝江戸期)に該当する単一の語はなく、ヨーロッパ近世(近代前半)は early modern とでも呼ばざるをえない。

この章では、そのヨーロッパ近世(一四世紀から一八世紀ころまで)を概観することで、社会の変動とその背後にある思想潮流を確認していく。歴史の教科書にもよく取り上げられるルネサンス、宗教改革、啓蒙主義の時代を概観するのだが、この近世 early modern times を「変動期」としてどう理解するかは、個別の思想家が登場する背景の認識として重要である。

(2)　ルネサンスは西洋史の近代の幕開けか

一般的に西洋史では、ルネサンスが近代の幕開けとされる。ルネサンスとはまず「再生」であり「文芸復興」である。そして「古代ギリシア・ローマへの回帰」であり、そこに中世教会の権威主義・形式主義とは違う「ヒューマニズム」が見出されたのだ、と。そしてもう少しレベルアップするとこう教えられる。たんなる復興や回帰ではなく、「ギリシア・ローマの古典的世界を参考にして、中世キリスト教支配の枠を超えた、新しい自然的・現実的人間観を打ち立てようとする潮流である」と定義しよう、と。

さて、もう一段階上がって問い直そう。ルネサンスは本当に「人間解放」なのかと。メディチ家など一握りの富裕者が文化を囲い、時に政治をも支配し、その金力で囲い者にされた芸術家が「自由で自然的で生々しい」作品を造ることを許されただけではないのか。文学とて、当時の識字率の低さ（推定一〇パーセント以下）に鑑みれば、広く大衆の目覚めを呼んだとは考えにくい。それに比べれば宗教改革の方が、多くの人々の内面に訴えて個人個人が神と向き合う姿勢を求めたのだから、中世を超えた真の近代化と言えるのではないか。

問い直しはまだ続けられうる。ルネサンスはまだ中世的で宗教改革こそ近代的である、と再定義すればよいのか。宗教改革も、新教の教義自体が古典回帰的であり信仰の選択も個人でなく国や地域ごとに決められたのだから、個人尊重の近代とは遠い。すると一七世紀の啓蒙主義の時代まで「近代」は待たねばならないのか。

2　ルネサンスと宗教改革

(1)　ルネサンスの「新しさ」

ルネサンスを「新しい自然的・現実的人間観の潮流」として積極的に見ていく立場から議論を整理しよう。ルネサンスの中心的テーゼは、次のように四つにまとめられる。

第一に、現世的な快を積極的に承認する、というテーゼが挙げられる。宗教的禁欲にはこだわらない。例えば女性画では、中世なら平板で非扇情的な絵画が模範とされたが、ルネサンス期からは自然な正直さで（男性目線ではあるが）乳房のふくらみや素肌の艶やかさが描かれるようになった。経済面でも、貨幣を媒介にした商取引で利得を得ることが是認されたし、技術面でも、活版印刷のように便利で役立つものはどんどん追求された。一八世紀に定式化される功利主義の前触れとも言える「快の是認」が、人間らしい自然性質として表現されたのである。

第二に、主体性を確立する、というテーゼが挙げられる。中世の宗教的階層秩序を脱却して、動的な人間の世界を創ろうとした。「神は死んだ」と宣告するニーチェ（一八四四—一九〇〇）の登場は数百年先のことであり、まだ信仰を捨てる時代ではない。むしろキリスト教への帰依を積極的に捉え、例えば職業に励むことで、俗世にいながら聖人に劣らぬ信仰心も磨けると考える。宗教改革において指摘される「職業召命観」にもつながりうる主体的人間像が描き始められる。

第三に、経験的な自然科学的態度を身につける、というテーゼが挙げられる。伝統的権威にとらわれずに、新しい科学技術を駆使した発見と応用をためらわずに試みるのである。哲学史的には、ベーコン（一五六一―一六二六）に始まるイギリス経験論とデカルト（一五九六―一六五〇）に始まる大陸合理論の二大流派の時代がやがて訪れる。だがその百年以上前に、実験と観察を重視する点では「経験的」であり、論理的で理性的な推論を重視する点では「科学的」「合理的」である態度が、このルネサンス期に芽吹いていた。例えば、キリスト教の権威に従えば「天動説」を護持するのだろうが、天文学の観察結果と数学的推論からは「地動説」に移行するのが必然、となる。コペルニクス（一四七三―一五四三）やガリレイ（一五六四―一六四二）が登場するのが、まさにルネサンス期だ。この「技術的合理性の追求」を政治の場面で見出すならば、第２章で扱うマキアヴェリという政治思想家が、ルネサンス的人間の代表者となる。

第四に、「唯一人」であると同時に「普遍人」であれ、というテーゼが挙げられる。唯一人とはつまり個性尊重を意味するし、普遍人とはつまり人間的共通性を意味する。目ざすところは「最高度の個性は人間の普遍性に通じる」という境地である。ピコ・デラ・ミランドラ（一四六三―九四）が『人間の尊厳について』で、人間の自由意志・主体的自己形成を肯定しながら、キリスト教一辺倒ではない諸宗教を結ぶような友愛思想を目ざしたのは、この「唯一でありながら普遍」という人間像の訴えと言える。

(2) ルネサンスの「限界」

ルネサンスに対して、否定的評価がある。例えば二〇世紀前半に活躍した歴史家ホイジンガ（一八七二―一九四五）は『文化史の課題』において、「ルネサンスはさほど近代的ではない」と述べ、「古代への盲目的な崇拝で権威的だ」と、そして「中世と近代を分ける境界とは言えない」と述べている。そして、より決定的な言説を残しているのが歴史哲学者トレルチ（一八六五―一九二三）である。彼の『ルネサンスと宗教改革』から、その要点を見よう。

トレルチの「ルネサンス批判」をまとめれば、次のようになる。ルネサンスが人間精神を解放したと言っても、それは富裕商人や知識人ら「大市民層」のみ、そして「自由都市」という一部の地においてのみでのことである。その現世肯定主義は、権力や富がある者の欲望を充足することに向かい、貧富差のある社会構造は現状維持となる。自由と創造を求めると言っても、思索や芸術のみでの話であり、「教養個人主義」にとどまる。よって、中世以来の封建体制から中下層民を解放するような力は持たず、社会変革にはつながらなかった。実際、本書第3章で扱うトマス・モアは、イギリス社会の現状を批判したが、それへの対案は夢のような原始共産制の「ユートピア」である。政治権力の中枢部にいながら、実際の政治改革を試みたわけではない（暴君ヘンリー八世の下では難しかっただろうが）。

トレルチの具体的な文言を拾えば、次のようになる。「ルネサンスとは徹頭徹尾自己に依存する個人主義」である。その人間像は「支配権力と結んだり、そこに依存したりすることで、自由を享受する無職業人」である。「こうした貴族的個人主義的な、薄い教養社会層の社会学的形成推進力は、脆弱だった」。そしてルネサンス人は「生存手段を提供する支配権力と結合」して、「政治権力のいかんによって左右」され、「寄生的存在」となっていた。トレルチの批判は何とも手厳しい。

(3)　宗教改革の「新しさ」

トレルチは、こうしたルネサンスと比べると宗教改革には社会変革の推進力があり「近代性」が認められるとする。キリスト教を再考察して厳粛な信仰を求めたのだから、その個人主義は「富者でも貧者でも」となる。第４、５章のルター、カルヴァンのところで詳述するが、この信仰がたどりついた禁欲的職業観念は、ルネサンスの「寄生的自由人」と違って、近代社会の担い手となる「職業人」「専門人」を生み出した。現世肯定主義は、支配者に依存して芸術を謳歌することから、諸個人がそれぞれの天命に従って勤労することに、その意味を変えるのである。トレルチは、ルネサンスと宗教改革を近代化という車の両輪とする通説を批判し、この二つを啓蒙主義の時代への過渡期と捉え、二つのうちでは宗教改革の方を近代化要因として重視し、ルネサンスの方は歴史的役割が相対的には軽いと断ずるのである。

私個人は、トレルチに教えられた部分はあるが、「ルネサンスまでは中世で、宗教改革からが近代」とは考えない。宗教改革の方にさえ、「中世の残滓」あるいは「反近代的側面」はある。歴史は相対的に漸進するのであってその途中には「突破」も「反動」もある。ルネサンスも近代化の階段の一段、宗教改革もまた次の一段、と見ている。

(4)　宗教改革の「限界」

ルネサンスにも近代に時代を駆け上る「突破」の面と中世にすり寄る「反動」の面があった。宗教改革にも「次の一段」なりの突破と反動がある。

宗教改革はたしかに「改革」である。中世的体制への「プロテスト」であり「新教」である。しかしそもそも中身は、「聖書に帰れ」であり「信仰のみ」である。宗教改革の「原点（原典）回帰」はたんなる復古主義だという面がある。贖宥状（免罪符）を買わせるのがけしからんと言うが、大聖堂を建設し修復するのにカネがかかるというのも、宗教世界の拡張と貨幣経済の進展の一段階である。そこに腐敗や堕落は混ざっていただろう。しかし、それを批判する「改革」は清廉潔白で諸個人を解放したか。むしろ自分たちの「新教」を認めさせるために教会権力と手を結び、力を広げるために個人の自由選択など認めず領邦ごとに新教への転向を「強制」したのではないか。

第4章で詳述するが、ルターの宗教改革に触発されて決起したドイツ農民戦争にルター自身が反対したことを、「裏切り」だと評するのは、適切ではない。むしろ彼にしてみれば、改革を実現するには教会を抱き込む必要があり、農民の「過激な」戦争は邪魔だった。また、第5章で詳述するが、カルヴァンが改革の理想として建国した「ジュネーブ共和国」は、寛容精神に欠けるカルヴィニズム独裁であった。

このように、宗教改革もまた、近代化として人間解放に貢献した面はあるが、新しいものが生き残ろうとするがゆえの不寛容は現に存在した。個人尊重が近代化ならば、「反動」と見える面もある。その限界を認識しながら、過大でも過小でもない評価を心がけよう。

3　啓蒙主義と市民革命の時代

(1)　啓蒙主義とは何か

一七世紀中盤からの啓蒙主義の方が「近代化らしさ」を色濃くする。イギリスとフランスの市民革命に直結するイメージがあるからである。ここでは、啓蒙主義の内容と大まかな諸議論を紹介し、第6章のホッブズ、第7章のロック、第8章のモンテスキュー、第9章のルソーの詳述の前提となる歴史的事実も概観しておく。

まず「啓蒙主義とは何か」である。思想家とその言説内容を紹介する文脈では「啓蒙思想」と呼んでよいのだが、本書では社会思想史の中での時代潮流を切り取る言葉として「啓蒙主義」の方を主に使う。「啓蒙」とは、蒙きを啓《くら》らむこと、無知蒙昧の暗闇に光を当てて知的に啓《あき》くことである。英語ではenlightenment、ドイツ語ではAufklärung、フランス語ではlumières、いずれも「光を当てること」である。ちなみに、当時のフランスでは啓蒙の試みを「ルミエール」よりは広く「フィロゾフィー（哲学）」と呼んでおり、その担い手は「フィロゾーフ（哲学者）」と呼ばれる。

つまり啓蒙とは、人間を未成熟な状態から脱却させること、迷信や偏見を排除し理性と経験に基づいて人間を解放すること、である。ルネサンスと宗教改革の時代を経て人間性の尊重や個人の信仰内実を考える気風が生まれ、大農場経営や手工業発達や貨幣経済下の商人台頭もあって、「新興市民層」が「近代的人間」という自覚を得る。啓蒙思想家たちの多くはこの新しい市民層から誕生したし、その思想を支持したのもこの市民層であった。聖職者階層と王侯貴族階層の下にある「第三身分」とはいえ、経済活動で力をつけ政治にも発言力を持つようになり、社会の諸制度を変革しようとする人々が出てきたのである。時に科学的な経験主義で、時に理性的な合理主義で、伝統的因習を打破して近代的市民社会を樹立しようとするこの潮流が、啓蒙主義である。

(2)　啓蒙思想が市民革命を「生んだ」のか

「啓蒙思想家」たちが注目されやすいのは、彼らがヨーロッパ近代化のヤマ場とされる「市民革命」と結びつきやすいからである。「ホッブズが社会契約型政府のメカニズムを発見し、ロックがその政府を取り換えうる抵抗権を訴え、ルソーが国民意志を常に反映する主権在民政府を説いた。これらの主張を受けて実践したのが市民革命だ」とのイメージすらある。

しかし、これらは誤解を含むステレオタイプの理解である。ホッブズの言う契約型政府あるいは契約型国家の成立は、あくまで「理念型」としての公権力の説明であって、歴史的事実として語ったものではない。ロックが抵抗権思想を打ち出した『市民政府二論』は、亡命中の執筆で公刊するのは革命終了後であって、革命運動の作戦室で彼が思想を説いていたわけではない。ルソーの「一般意志」という主権在民論は、フランス革命の人権思想と通じるところがあるが、彼は私有財産すら否定する論を展開しており、ルソー思想の体現がフランス革命であったと見るのは部分的にしか当たっていない。

こう言ってしまうと、「啓蒙思想は市民革命とともにあると信じていたのにそうではないのか。それらは、思想が社会を動かすという意味での社会思想ではなかったのか」と嘆かれるかもしれない。しかしここで言いたいのは、啓蒙思想が市民革命を「生んだ」と呼ぶのは事実に反する、ということである。思想と社会運動が「ともにある」ことを否定するわけではない。

例えば二〇世紀史なら、一九六〇年代中国の「文化大革命」で「紅衛兵」たちが『毛沢東語録』を携えて進軍した歴史的事実がある（今となっては革命とすら呼べない権力争いの混乱にすぎなかったと中国政府も認めているが）。思想を携えて社会運動が進むこともあるかもしれない。しかし、そんな絵に描いたような姿は、むしろ例外的であり、そんな掲げられ方をする思想は、大抵は扇情的なプロパガンダにすぎず、多くは「思想」の名に値しない。

(3)　「ともにある」思想とは

思想と社会運動が「ともにある」とはどういうことか。思い出すのは「ミネルヴァのふくろうは夕暮れ時に飛び立つ」というヘーゲルの名言である。知恵の神ミネルヴァを象徴するふくろうは、日中の人々の活動が終わろうとする夕暮れになって初めて雄飛する。「朝」に思想が語られて「昼」にそれを体現する活動が行われるのではない。活動しながら考えることはあるだろうし、思想の萌芽を宿せばこそ突き進む道もあるだろう。それでも「思想」として包括的に語れるのは、やはりその活動を知的に振り返る「夕暮れ時」なのである。ロックと名誉革命の関係を見ていて、つくづくそう思う。ルソーとフランス革命にしても、革命勃発の一一年前にルソーは死んでいるのだが、社会を批判的に喝破する言論は、言葉の種まきとして次の時代をつくった。それは完成したテキストが先にあって時代がそれにならうということではなく、諸思想家の言論が醸し出す空気が新しい時代の活力になるということである。彼にせよ、第8章で扱うモンテスキューにせよ、その時代の政治と社会を看取し、次の時代につながる活力を与えた。その一時代がひと山を越える時期が来たら、総括する知恵もまた語られる。これら一連の言説が社会思想となる。

啓蒙主義の時代は、啓蒙思想家が近代化をもたらす、という単純なものではない。しかし、社会の動きと思想的言説が相前後して連動し、小さな種まきの思想が社会の空気をつくって時代が動くと、包括的な思想がその時代を後づけする。全ては相対的・総合的に歴史進展するが、この時代の思想と社会運動が絡まり合って次の時代へのステップをつくったことは間違いない。

4　近代化の社会思想史的意義

(1)　ルネサンスの近代性と「狭さ」

次章からは具体的な社会思想家を取り上げていくのだが、この節ではもう一度、ルネサンス、宗教改革、啓蒙主義の近代的意味とそれぞれの限界をまとめておこう。

まずルネサンスについて。すでに論じたように、「ルネサンスは中世に属するか、近代（近世）に属するか」という議論がある。その議論は次の宗教改革においてすらある。私自身は、そもそも歴史全体に対して漸進的にデコボコ道を上がっていくイメージを持っているし、その中で小さな突破と反動とが繰り返されると見ているから、「ルネサンスからが近代か、それとも宗教改革からか」といった問いに唯一の正解はないと考える。

ルネサンスの近代性、それはやはり「人間らしい悩みの正直な表出」である。それがいわゆる人間解放につながる。教科書的にはダンテ（一二六五―一三二一）の長編叙事詩『神曲』がルネサンス第一号とされる。ストーリーは思いっきり宗教的で、ダンテが地獄、煉獄を巡ってやっと天国で神の栄光に浴する、というものである。しかしその物語は当時のイタリアの政治や教会への怒りを暗示しているし、心の恋人ベアトリーチェに導かれて救済されるという話は宗教らしさを裏切ってもいる。しかも教養人ならラテン語で書くのが当然という時代にトスカナ語（イタリア口語）で書くという「突破」を企てている。当時の権威なり常識なりをひっくり返して、悩みながらも人間的本性に迫ろうという思いが見て取れる。文学も、芸術も、そして政治思想も、こうした思潮をもって生み出されるものは「近代ルネサンス」と呼べる。

しかし他方で、「教養個人主義にすぎない」という批判は甘んじて受けねばならないだろう。「ラテン語でなくトスカナ語で」は文学を人々に多少は近づけたかもしれないが、そもそも一般大衆の識字率が低く印刷物も出回っていなかったのだから、文芸の国民的開放には届かない「狭さ」がある。

ルネサンスに、中下層民まで解放する力があったとは言えず、地域的にも国民階層的にも「狭さ」があったことは否めない。それでも、これを経ずして中下層民から一気に解放する運動が人類史に可能だったとは思えない。ルネサンスはやはり、近代化の一里塚であると言ってよい。

(2) 宗教改革の新境地と「古さ」

次は宗教改革について。こちらもやはり、「新しさ」と「古さ」がある。大文字始まりでReformation、これが歴史固有名辞としての「宗教改革」である。リフォームだから、全部壊して新たに建築するのではない。少なくともルターは、自分が歴史に名を残す革命的大仕事をやっているとは自覚していなかった。真面目に謙虚に、「キリスト教とは本来こうではないですか」と教会に「論題」を投げかけたにすぎない。控えめに投げたつもりの小石が波紋を広げ、結果的に「新教」となったのである。いずれ「プロテスタント」と呼ばれるようになるが、この呼称は元は既存教会から「異議を唱える謀反者」として与えられた「蔑称」である。ルターとその支持者は自らを「福音主義者」と呼んでおり、聖書・福音に忠実な「初心忘れるべからず派」のつもりであった。

とはいえ、これも歴史の皮肉である。真面目に「ゆがみをリフォームしましょう」と言っているだけなのに既存の教会権力をひっくり返す力を持ってしまった。「個人個人が直接に神と向き合おう」という訴えが、大改革を呼び起こし、「新教」をつくってしまう。ルネサンスの「一人の人間としての目覚め」意識も背景にあっただろう。翻訳技術、印刷技術が個人個人に聖書を読むチャンスをもたらすという時代の偶然性も影響した。思ったことは「初心回帰」でも、この時代での行動としては十分に「中世既存体制の突破」だったのである。

しかし、やはり「古さ」はある。「聖書に忠実であれ」と訴えることは、古典回帰であり、そもそも「リフォーム」は本来あったものに戻すことである。革新的な自由思想がそこにあるわけではない。また、「自らの職業に励むことが神への奉仕である」と訴えることは、職業的自由を認めているかにも聞こえるが、ルターにもカルヴァンにも、職業選択の自由という発想はない。「召命」としての職業に精励するのみなのであって、自主的に転職することは想定されていない。そしてまた、「個人が神と向き合う」からと言って、個人に選択の自由はなく、まずは新教か旧教かを国ごと領邦ごとに選ぶことが認められただけである。

このように宗教改革は、近代的自由どころか古典的束縛と見える部分もある。それでも、中世型教会に異議を突きつけ、旧来の権威を打破した点では、時代の進歩に貢献したと言える。。プロテスタンティズムはその後、近現代を通して自由主義的な要素も獲得していく。今日の倫理観に好影響を与える力も持っている。やはり宗教の近代化への分水嶺として、Reformation は reform 以上の歴史的意義を有するのである。

(3) 啓蒙主義の民主性と「蒙昧さ」

最後に啓蒙主義について。これはさすがに「近代」だろう、ということになるのだが、ここにも全てＯＫとは言えない面はある。我々は、戦後民主主義と二一世紀世界を知ったうえで彼らの思想の「おいしいところ」を取り上げるが、それぞれの思想家は、時代に限定づけられた発言者にすぎない。ホッブズにもロックにも、「社会契約」という概念にはなるほどと思わせる点はあるが説得力不足の点もある。モンテスキューは「法官貴族」という階層にあり、広い人権思想を持っていたかは疑わしい。ルソーの思想は進歩的と同時に原始共産制回帰的でもあり、彼の生きざまは男性中心主義的である。

はたして彼らは「蒙を啓いた」のか。その声は同時代の「市民」を育てたのか。それぞれに時代を喝破する慧眼はあっただろう。しかしまたそれぞれに、有利に庇護される立場を持ち、その有利さゆえに磨きえた教養、富者の余裕がもたらした知恵があった、ということなのである。その知恵には一点突破もあるが片寄りもあり、それぞれが限界づけられる面を持つ。また、腰を低くして庶民目線で包括的に語っていたわけではない。「啓蒙」という言葉がすでに「上から目線」なのだが、それぞれの思想が同時代的に中下層民の心に響いたわけではない。この啓蒙主義の時代に至ってもなお、思想が同時代の平均的市民層と「ともにあった」かは疑問が残る。

とはいえ、「ミネルヴァのふくろう」という言葉で先に述べたように、今指摘したことは思想というものの本性的限界なのかもしれない。ルソーには女性蔑視があったと見られるが、我々が今日獲得した価値尺度をもって断罪するのは、歴史評価としてフェアではない。それぞれの思想家が、開明的ではありながらも時代の落とし子としての限界を持つことを認識しながら、思想史的評価を考えていきたい。

第2章

マキアヴェリの君主・共和論の「共存」

1　マキアヴェリはマキアヴェリストか

(1) 「君主論」＝権謀術数論という評価

ルネサンス始まりの地イタリアで思想史に名を残すのがマキアヴェリ（Niccolò Machiavelli 一四六九—一五二七）である。『君主論』が代表作と見なされ、その内容は「権謀術数」つまり「目的のためには手段を選ばず」を主張しているとされる。

そしてこの権謀術数論、権謀術数主義が後世にマキアヴェリズムと名づけられる。世俗では、「勝つためには汚い手段も取る」という手法を「マキアヴェリズムだ」と批判し、権謀術数主義者を「マキアヴェリスト」と呼んで非難する。はたしてマキアヴェリはそんなことばかりを言っていたのか。彼を今日的な「マキアヴェリズム」「マキアヴェリスト」という言葉で形容するのは適切なのか。

(2) イタリア分裂下の書記局長人生

マキアヴェリが何を受け止めどう考えていたのかを知るには、時代背景を知っておく必要がある。

五世紀後半に西ヨーロッパに誕生したフランク王国は、九世紀半ばにフランス・ドイツ・イタリアに分かれたが、イタリア内部は小国分立で、王国統一は一九世紀までかかる。マキアヴェリの時代のイタリアは、長靴型の半島の南半分がナポリ王国、半島の中央がローマ教皇領であった。そして北部は、半島東のアドリア海の北にあるヴェネツィア共和国、西の地中海に近いフィレンツェ共和国やジェノヴァ共和国、内陸部のミラノ公国などに分かれていた。

マキアヴェリ家ではフィレンツェ共和国の要職者が輩出しており、マキアヴェリ自身も一四九八年、二九歳で第二書記局長に選ばれる。内政と軍政を扱うこの局にあって彼は、ピサ領有という課題に悩む。フィレンツェの中心町は内陸部にあり、かつて手の内にあった西海岸の外港ピサの再領有は、喫緊の課題である。軍事的な領有争いの詳細は省くが、結果は一五〇〇年ピサ領有失敗であった。この間の諸国要人との交渉と古代ローマ政治の研究から、いわゆる「権謀術数」をマキアヴェリは学ぶ。

失敗の原因は「無責任な傭兵」にあった、とマキアヴェリは見る。近隣の領邦からの「雇い兵」、そしてフランス王配下のスイス人傭兵の「また貸し」で兵力を賄っていたフィレンツェ軍は、いざというときに戦わなかった。ここに彼は、「自国軍」を持つ必要を強く感じることになる。

(3) 書記局長解任からの後半生

ルネサンス期イタリアと言えば、メディチ家による文化擁護と支配が有名だが、マキアヴェリが第二書記局長に就く四年前に、独裁色の強いメディチ家はフィレンツェから追放されていた。ところが一五一二年、メディチ家が外圧を借りてフィレンツェ復権を果たし、マキアヴェリは第二書記局長を解任される。翌年にはメディチ家新政権によって投獄され、多額の保釈金を工面して釈放されたものの、四三歳から質素な隠遁生活に入る。

その後は「昼は農業、夜は読書と執筆」の生活をし、『君主論』も一五一四年に完成する。マキアヴェリ自身は、「政治家はやめて研究者に専念」とは考えず、メディチ家政権への「就職活動」も行う。政治理論家（そして喜劇著作家）として名をはせたマキアヴェリは、やがてはメディチ家から顧問格で登用され、最終的には一五二七年、ローマ略奪のかどでメディチ家がフィレンツェから追放されるとまた失脚し、失意のうちに病気で死去する。

この人生後半の姿も、「共和制支持を別の著では謳いながら、独裁政権メディチ家にすり寄った。ずる賢く〝目的のためには手段を選ばず〟を地で行く権謀術数そのものだ」と批判される。たしかに、『君主論』に現れる政治権力論、メディチ家との距離の取り方は、「マキアヴェリこそマキアヴェリズムの体現者」と呼ばれうるものだ。

2　君主制支持論と共和制支持論

(1)　『君主論』と『ディスコルシ』

マキアヴェリの主著は『君主論』とされ、そこから君主制支持の権謀術数主義とのレッテルが貼られる。しかし最近の研究では、もう一冊の著『ディスコルシ』を重視し、実は共和制支持者だったのではないか、と論じる向きが増えている。

『君主論』（一五一三―一四年執筆）も『ディスコルシ』（一五一三―一七年執筆）も、失脚中に書いた論文であり、フィレンツェ共和国の一部の政治家や教養人にはすぐ読まれたようだが、一般に刊行されたのは死後である。よって「書名」も後世につけられたもので、『君主論』の名は今日まで一貫しているが、『ディスコルシ』はそうではない。『ディスコルシ』の正式論文名は、「ティトゥス・リウィウスの最初の一〇章にもとづく論考」である。古代ローマの歴史家ティトゥス・リウィウスが書いた『ローマ建国史』全一四〇巻のうちの、第一―一〇巻のローマ共和政（法制度の文脈では共和「制」と記し政体の文脈では共和「政」と記す。君主制と君主政も同様）の記述を参考にしながら、諸政体の長所短所、特に共和政のあり方を論究している。全三巻で『君主論』の五倍近いページ数がある。邦訳書では、『政略論』と意訳した題名がつけられることも、『ローマ史論』『ローマ史論考』『リウィウス論』と呼ばれることもある。最近は『ディスコルシ』（論、論考、英語で言えば discourse）というカタカナが前面に出されることが多く、本書もこれにならう。

さて、大部で難解で、ときに不必要なまでに古代ローマの話に入り込んでいて読みにくい『ディスコルシ』(第一巻六〇章、第二巻三三章、第三巻四九章)は、マキアヴェリ研究でも「読みやすい君主論」より着目されるのが遅く、「彼は君主制論者？　共和制論者？」と改めて議論されている。ここで『君主論』と『ディスコルシ』の思想を素描しよう。

(2) 主著の一冊としての『君主論』

『君主論』は一般には、「マキアヴェリズム＝権謀術数主義」の書とされる。君主政治礼賛で、君主たるものは国家維持・強大化のためにはどんな手段を使っても構わない、と書いてあるとされる。しかし、時代背景と彼の立場を鑑みながら丁寧に読むと、このレッテル貼りは一面的だと言える。

執筆時マキアヴェリは、フィレンツェ共和国第二書記局長としての軍政に失敗し、メディチ家復権によって職を追われていた。隠遁生活とはいえ祖国を思う気持ちは強く、政界復帰も考えた。イタリア全体が王国・公国・共和国に分裂しているし、地元フィレンツェもよからぬ国情にある。外国軍に侵入され支配される危険もある。諸々の共和国等がしっかりした力を持ち、やがてはイタリア全体が大きな統一国家となるためにはどうすればよいか。そのための現実的な政治を構想する必要がある(そのためならメディチ家に取り入ってでも政治中枢に復帰する言説を立てる必要がある)。

つまり『君主論』は、「目的のためには手段を選ばずの書」というよりは「理想を追求するためにこそ現実を踏まえて策を練る書」なのである。実際、「どうせ権謀術数」との色眼鏡を外して読むと、「すすんで悪徳をなせ」ではなく、「国家維持のためには悪名をかぶろうともなさねばならない時もある」と書いてあるとわかる。彼は「あざむきだますための指南書」ではなく、「時代に向き合った現実主義の書」を書いたのだ。

(3)　ヴィルトゥとフォルトゥナ

内容は以下の通り。

第一に、国家統一のための君主の行動規範を提示し、時には強引でも即決して行動を起こすリーダーシップを求める（第二、三章など）。第二に、鍵概念としてヴィルトゥ（力量、徳も伴う力能、英語で言えばvirtue）とフォルトゥナ（運命、幸運、英語で言えばfortune）を挙げる。特にヴィルトゥが大切で、政治的エネルギーを醸成して国を治める力、支配者なら時に民衆の頭をなで、時に民衆を抑えてでもなすべきことをなす力を要求する。国を治め領土を拡大するには、一瞬は残虐なまでに制圧するがその後は長期的に民衆に恩恵を与える。これも徳あるヴィルトゥだとする。こうしたヴィルトゥがあれば、フォルトゥナをたぐり寄せることができる、あるいは運命の女神が向こうから微笑んでくれる、と考える（第六、七章など）。第三に、君主のみならず国民もヴィルトゥを発揮して主体性を実現すべきとする。武力の時代にあって国民の自主的積極的な「自国軍」創設を強く求める（第一二、一三章など）。第四に、政治行動に重要なものとして技術的な適合性をもっぱら指摘する。重要なのは道徳的な善悪ではなくて、技術・策として目の前の目的に通用するかという合目的性だとする（第一五、一六章など）。「キツネの狡猾さとライオンの威風の両方が大切」と語り（第一八章）、このあたりが「キツネのようにだますこともライオンのように威圧することも肯定し、悪徳を奨励しているように読める」と言われる。

たしかに、論述内容に権謀術数的な一面はある。しかし、暴君による圧政や法秩序無視の対外侵略を肯定しているわけでは全くない。専制君主制を擁護しているが、それは国を守るために最も統率がとれるならそうせよ、ということだ。「良き法、良き武力」を重要視し、法律と自国軍（ヴィルトゥを持つ国民による軍）の整備を求める。秩序ある中央集権と気概ある国民の支持、これがマキアヴェリの是とする君主制である。

(4) もう一冊の主著『ディスコルシ』

『政略論』では意訳しすぎだし、『ローマ史論』では古代ローマの話ばかりと見えるし、『リウィウス論』では何のことかわからない。『ディスコルシ』も直訳は『論考』だから内容がわからないのだが、このカタカナ書名が「マキアヴェリのもう一冊の主著」として定着しつつある。

内容は、古代ローマ、それも帝政時代よりも共和政時代に関するリウィウスの研究を参照しながら、現実（一六世紀初頭のイタリア、特にフィレンツェの現状）をどうするかを考え、「当面は君主制も仕方ないが落ち着けば共和制に移行したほうがよい」と論じる、というのが大筋である。

そもそも『君主論』においても、君主による強権的支配を是認したわけではない。小国同士がせめぎ合う時代にあって、強いリーダーシップがないと国が亡びかねないと言っただけだ。そして自国軍創設を強烈に主張したから、君主のみならず国民全体に、自国に尽くすヴィルトゥを求めた。君主制擁護といえども、国民的支持を必要とし、その意味では「国民共和」を望んでいたと言える。

「君主制か共和制か」という議論の前提として、それぞれの定義をしておこう。その結論として、古代ローマにせよ近世イタリアにせよ、実はどちらの制度も中身に大きな違いはなかった、と述べることになる。

君主制とは、一人の固定的支配者が権力を独占する制度であり、その一人とは戦に勝った集団の筆頭者で、多くは世襲で地位が受け継がれる。かたや共和制とは、複数の政治家が選挙や合議や指名で選出されて政治権力体を形成するもので、権力には任期があって数年単位で交代していくのが普通とされる。現代の民主諸国の大統領制も議院内閣制も、広く言えば共和制の一種である。現代も「王」を持つ国はあるが、多くの国では政治権力者は選挙制度などで審判を受け交代させられるので、「共に和する公共性」は一応担保されている。

古代ローマや近世イタリアでは、君主も国民的支持を失えば世襲できず交代したし、共和制も選出母体が限定された「貴族共和政」であった。古代ローマ共和政にあっては、「執政官」あるいは「独裁官」を貴族階級が独占して引き継いでいた。貴族でない平民（奴隷は埒外）は、「護民官」という制度ができてから政治権力の一端に加わることができた。ヨーロッパ史を見ても、一部の暴君は別として、君主政だから民心を踏みにじり共和政だから民心を受け止めていた、とは言えない。古代ローマの護民官制度にしても、護民官を増やしたら野心家たちの勢力争いになって政治が乱れたことがある。そもそもルネサンス期がまだ少数の中産階級以上しか主役となれない時代であるが、「複数選出者合議」の共和制と「ひとり支配」の君主制とで天と地の違いがあったとは見えない。

(5)　共和制の長期性、永続性

『ディスコルシ』によると、「君主政」と「貴族政」と「民衆政」という三つの好ましい政体があるが、それぞれは「僭主政」へ、「寡頭政」へ、「衆愚政」へ、と悪しきものに堕落しがちである（第一巻第二章）。貴族政も民衆政も、複数者の合議政治ということでは共和政の一種となる。現代の考え方なら、貴族政は平等な民主主義ではないのだが、マキアヴェリは、民衆はいつも全員がヴィルトゥを持つわけではないので民衆政は衆愚政に陥りやすいと見る。古代ギリシアのスパルタとマキアヴェリ時代のヴェネツィアは貴族共和政ゆえに自由が長続きしたが、古代ローマが平民に政治を委ねすぎた場合は自由が長続きしなかった。平民は動揺しやすく権力欲から紛争を起こしやすい（第一巻第五章）。

マキアヴェリがローマ共和政に理想を見出すのは、貴族で構成する「元老院」と平民から選出される「護民官」がバランスを取っている場合である。執政官や独裁官の権力は君主政に近いとも見えるが、任期が短く、独裁官は臨時職なので、元老院全体からの監視が効いていると見る。

『ディスコルシ』は、国の安定と国民の自由を確実にするのは君主政と共和政のどちらか、と考察し、どちらかというと共和政に分がある、と答える。ヴィルトゥ豊かな君主ばかりが継承していくならよいが、共和政ならヴィルトゥのある者を統治者に選べるので永続性が高い（第一巻第二〇章）。民衆はぐらつきやすく過ちを犯すとの通説があるが、君主も同じか、むしろ君主の方に過ちの例が多く、統制がとれた民衆の方が上回る（第一巻第五八章）。失敗した民衆を良識ある人物が軌道修正してやることはできるが、でたらめな君主を説得できる者はいない（同巻同章）。同盟を結ぶ相手としては、君主国より共和国のほうが、即座に約束を破棄することがなく長期的に信頼関係を保てる（第一巻第五九章）。

こうした記述をもって、マキアヴェリは君主政より共和政が優位にあると語る。ただしその共和政は、現代人がイメージする全員平等の国民主権というよりは、適切なヴィルトゥを発揮できる良識ある教養人を中心とした体制であるようだ。

(6) 君主制から共和制へ？ それとも共存？

マキアヴェリは二大主著『君主論』と『ディスコルシ』で、君主制（君主政）擁護と共和制（共和政）志向の両方を述べている。これは矛盾か。本音と建前か。人格分裂か。二枚舌か。おそらくそのいずれでもない。

マキアヴェリの頭の中では君主制と共和制は両極端に対立していない。君主制を語るにしても、自国軍にこだわり君主のみならず国民のヴィルトゥも求めている。「君主は国民から恩恵的だと愛されるより冷酷だと恐れられるくらいが思いのままに政治ができる」と言うが、「恨みや憎しみを買ってはならない」とも言い（『君主論』第一七章）、上下の協力関係は意識している。共和制を語るにしても、貴族政と民衆政の中間的なものを理想としつつも、君主制を全否定はしない。

彼の本心は君主制と共和制のどちらか。若いころは君主制支持だったが老成してから共和制支持へ変わった（あるいはその逆）、との仮説が考えられるが、二著の執筆時期から見てそれはない。『ディスコルシ』を途中まで書いてから『君主論』を一気に書き上げ、また『ディスコルシ』執筆に戻ったと見られ、二著の時期は重なる。もう一つに、『君主論』はメディチ家復活政権にすり寄るための「就職論文」だったから君主政支持の論調で書いた、という仮説が成り立つ。これは可能性があるが、そこまで同時期に書き分ける必要があるのか。

私が読み取った結論は、『君主論』も『ディスコルシ』もそれなりに本気で書かれており、本気ゆえにあせりや迷いも含む内容になっている、というものだ。就職論文という意図も有する『君主論』は、何よりも第二書記局長としての軍政失敗から今フィレンツェは何をすべきかを訴えるものであり、『ディスコルシ』は長期的視野でフィレンツェとイタリア全体の政治の理想を考えるものである。強いリーダーシップは必要、それを信頼し盛り立てる国民の政治意識向上も必要、という意味で、君主政をまずは正しく立て直してから共和政の安定につなげようと考えたのではないか。それは政体のなだらかな移行を訴えているようでもあり、法で国民の自由を守る立憲君主制的な共和政体を構想して君主制と共和制の共存を訴えているようでもある。

3　マキアヴェリ「君主・共和」思想への評価

(1)　時代と対決したマキアヴェリ

歴史に名を残す思想家は、時代と真摯に対決している。マキアヴェリもまた然り。その対決姿勢は、二一世紀に生きる我々が今という時代をどう考えるか、と問いかけてくる。そこでマキアヴェリ思想の現代的意義を、三点論じる。第一点は、現実主義的な政治指導者の哲学を追究したこと。第二点は、君主制支持も共和制支持も語るという「メタレベルの権謀術数」を試みたと考えられること。第三点は、二一世紀の現代にマキアヴェリを置いてみることで引き出せる教訓がありそうだということ。

第一点。マキアヴェリは、フィレンツェ共和国のために奔走するも成功せず、失脚の憂き目まで見た。そこでまさに時代と対決する思想が生まれる。徹底した現実主義に立つ。『君主論』では、共和国や君主国の架空理想の論は脇に置いて、人間いかに生きるべきかとの論も脇に置いて、現に生きる人間の実態、良き気質を備えているとは限らない君主について考える（第一五章）。君主は、汚名は避けたほうがよいが国家存亡の危機においては悪徳の汚名も引き受けよと言う。君主たるもの、時に「けち」と評されようとも資力を考慮し、時に「鷹揚」になって国民に報いよと言う（第一六章）。

彼は、リーダーとしてなしうることを現実の壁と見比べながら冷徹に論じ、国民におもねることなく、かつ国民を安定的に導く現実主義的な指導者像を考えた。その点では、二一世紀にも通じる指導者哲学を語っている。

(2) 君主制も共和制も認めるという「権謀術数」

第二点。マキアヴェリが描く君主は、暴君・専制君主ではなく、自国軍のリーダーとなれる、つまり国民が軍にすすんで結集する、人望ある者である。そして理想の人徳者は期待していないから、「キツネの狡猾さとライオンの威風」という手練手管も肯定する。君主制ならまず世襲が想定されるが、国家安定が最大の目的だから、血縁の子弟がヴィルトゥに欠けるとなれば養子を跡継ぎにすることも考えていた。

自国軍と良き法律を国家の要諦としていたから、秩序正しい組織作りこそが彼の政治哲学だった。その意味で、「一人の君主」でも法秩序を皆で守り育てるという「共和的君主」が、「現実主義的理想像」だと考えられる。

他方、共和制の議論では、古代ローマの「貴族主義的共和政」も肯定していたように、「複数者による相互協力的な支配」を志向していた。同時に、古代ローマの平民代表と言える「護民官」の権限拡大には混乱を見ていたように、「民衆政は衆愚政に陥りやすい」と考えていた。「貴族政」にも「寡頭政」となる危険性はあるのだが、ヴィルトゥ豊かな教養人が任期制などで権限を相互抑制する複数者支配なら大丈夫だと思っていたようだ。よって、共和制支持といっても現代風の平等国民主権ではなく、ある種の選民階層が責任を持って政治指導する共和政治を考えていた。それは、少人数のリーダーによる迅速な行動決定という現実即応方針であり、近世初期においては十分ありうる「君主制的共和政体」と見える。

以上のように、君主制のようでありながら共和制のようでもある、というのがマキアヴェリ国家論の終着点である。それは、君主の権謀術数を語った彼が、フィレンツェに、そしてイタリアに、生き延びるための政治方針をまさに権謀術数的に示した姿なのではないか。『君主論』と『ディスコルシ』の同時論述は、権謀術数の書も書く彼自身がもう一つ上位のレベルすなわち「メタレベル」で、権謀術数を試みていたことになる。それは巧妙な作為に基づくというよりは、彼が抱えていた悩み、ジレンマの正直な吐露と見るほうが当たっていると感じるが、時代と向き合って思考を深める賢人は例えばどんな答えを導くかを、我々に示してくれる。

(3)　マキアヴェリと現代社会

第三点。マキアヴェリは古代を研究しながら、実は今のフィレンツェ、イタリアに必要なものを論じようとしていた。これこそ「温故知新」のルネサンス的営為である。「君主制のような、共和制のような」という国家論は、あの時代なりの近代化への階段の一歩を示している。

このマキアヴェリが二一世紀の今にいたら何を考えるだろうか。「資本主義 vs 共産主義」は、二〇世紀的には共産主義の自己瓦解に終わったが、環境問題や格差問題を見れば資本主義に勝者の輝きはない。「平等な国民主権」は、代議制民主主義の限界を露呈している。マキアヴェリが近代政治を経た今に「よき共和政」を追究するとしたら、どんな議論を提示してくれるか。そんなことを想像しながら追思考することが、我々が歴史に学ぶ意義である。

一つ確実にマキアヴェリからもたらされているものを挙げるとすれば、「法の支配」という考え方である。君主制においてすら「良き法」を求め、ましてや共和制においては法的手続きを適切に考えようとしていたのが彼である。僭主政には陥らない君主政、寡頭政には陥らない貴族政を目ざした彼が、要諦に置いたのが「法」である。ならば現代の我々は、衆愚政に陥らない民衆政の実現のために、「人の支配」に陥らない「法の支配」の今日像を、マキアヴェリの参考にして追究すべきだろう。

関連人物コラム1　トマス・アクィナス――中世の「完成」と近代への「架橋」

ヨーロッパ中世は、キリスト教会が政治をも支配した時代であり、「哲学は神学の侍女」として諸学問も信仰の下位に置かれた時代である。それでも中世は、信仰を理論的に説明することに力を注いだし、古代の知的遺産を確実に伝えてルネサンスという近代化に道をつけた。その中世の完成、近代への架橋に最も貢献したのがトマス・アクィナス（一二二五―七四）である。

アクィナスは、中世後期のスコラ哲学に長く続いた普遍論争において、唯名論にも少し理解を示すような温和な実在論で決着をつけたし、三位一体説などを唱えることで、信仰上の長き論争問題に模範解答を示した。また、アリストテレス哲学に多くを学び、古代ギリシアの思考法や文献も次世代に伝えた。南イタリア出身のアクィナスは、パリ大学で教授となったが、イタリアの教養人にはパリ大学に留学した者も多数いて、アクィナスの伝統を学んだ者たちがイタリアルネサンスを切り開いたと言っても過言ではない。

第3章

トマス・モアのユートピアの「虚構と真実」

1　ルネサンス人文主義者トマス・モアの苦悩

(1)　人文学者・法律家としてのモア

ルネサンス期の思想家として、政治思想家なら近代国家への道を説いたマキアヴェリの名前が挙げられる。宗教思想家なら中世型のキリスト教会を批判したエラスムスの名前が挙げられる。そして当時の政治・経済社会を強く批判した社会思想家として、トマス・モア（Thomas More 一四七八―一五三五）の名前も忘れるわけにはいかない。

モア（トマス・モアとフルネーム表記される慣例があるが、本書では他の章と揃えて大見出し以外ではモアで済ませる）は、政治的経済的に最先進国となりつつあったイングランドにあって、キリスト教社会、経済社会が大きく揺らぐ中で、人文主義者・カトリック信徒・法律家として政治の表舞台で活躍した。そして、その一途な思想家姿勢ゆえに、最期は投獄され断頭台に送られた。著作『ユートピア』は、彼の社会批判の思想が強く表現され、今日の我々にも多くの示唆を与えてくれる。本章では、モアの生涯を一瞥したうえで、彼のユートピア思想の意義を考えることにしよう。

なお本書が扱う時代の大半においては、国名としての「イギリス」、宗派名としての「イギリス国教」は、「イングランド」、「イングランド国教」と表記する。イングランド王国とスコットランド王国の合併によるグレートブリテン王国の成立（一七〇七年）以降の時代についてのみ、二王国の合併体を「イギリス」と表記する。

モアは、ロンドンで法律家の家庭に生まれ、オクスフォード大学で人文学やラテン語を二年間学んだところで父親の意を受けて法学院に転じる。それが法律家・政治家への近道だったらしい。二〇歳代のうちに弁護士となり、結婚もし、下院議員にまでなる。執筆活動にも若いうちから取り組み、一五〇五年には『ピコ・デラ・ミランドラ伝』（イタリアのルネサンス人文主義者で「人間の尊厳」や「自由意志」を唱えたピコの伝記）の英訳を行い（出版は一五一〇年）、一五一六年には『ユートピア』を書き上げて出版する。

(2) ヘンリー八世とモア

モアは、イングランド王ヘンリー八世（一四九一―一五四七、在位は一五〇九―四七）には重用された。一五一七年には英仏通商交渉役に任命され、王の参議会員にもなった。一五一七年といえば、ドイツでルターが「九五カ条の論題」を発表した年であるが、カトリック信徒であるモアは（そして一四九九年以来の盟友エラスムスも）、カトリック教会内部からの慎重な改革を主張しており、プロテスタント路線の革命的な宗教改革には批判的で、一五二三年には『反ルター論』を出版する（エラスムスも一五二四年に『自由意志論』を発表しルターとは一線を画することを表明する）。

モアは、一五二四年にオクスフォード大学法務官、翌年ケンブリッジ大学法務官となり、一五二九年には王国最高官僚である大法官に任ぜられた。このころがモアの対外的な活躍の頂点にあった時期である。しかしこの出世は、結果的には王との関係においてモアの首を絞める（そして実際に斬首される）運命を導くこととなる。

モアが仕えたヘンリー八世は、イングランド王政史では暴君と見なされており、六人の妻を時には処刑する形で取り換えていった身勝手者と言われている。イングランド国教をこしらえて自ら国教会首長となったこと、特にイングランド国教を立てた理由が最初の妻と離婚してその付き人だった女性と結婚するためだったこと（カトリック教会は離婚を禁じていたので）、これらが「身勝手な強権者」という印象を強くしている。とはいえ、強引に再婚した二番目の妻との間に生まれた女児が、後にエリザベス一世（一五三三―一六〇三、在位は一五五八―一六〇三）となって長期安定政権を築いたというのは歴史の皮肉であり、そのエリザベス一世が、この父親を見ていたからなのか、生涯独身を貫いたこと（恋人はいたらしいが）も歴史の皮肉である。

(3)　イングランド国教会とモアの最期

ちなみに、イングランド国教会はカトリック教会か、それともプロテスタント教会か。教科書的な正解は、プロテスタント教会である。ただしヘンリー八世は、離婚問題を別にすればカトリックへの信仰心は厚く、プロテスタントに宗旨替えしたわけではなかった。とはいえ離婚・再婚でローマ教会とは袂を分かつのだから、徐々にプロテスタントに接近していく。次の王エドワード六世（プロテスタント寄り）とその次のメアリ一世（カトリック寄り。プロテスタントを弾圧した「血のメアリ」として、トマトジュース入りカクテル「ブラッディメアリ」に名を残す）の短い治世を経て、エリザベス一世の長期治世になってから、穏健なプロテスタントとしてイングランド国教の立場が固まっていく。「穏健な」というのは、法衣などでカトリック的な儀礼・慣習は容認し、プロテスタントとはいえ急進的すぎるピューリタンは認めない姿勢を取った、ということである。

さて、大法官就任以降のトマス・モアに話を戻そう。上述の「イングランド国教会設立、ヘンリー八世国教会首長」に対して、カトリックに帰依する（内部改革は必要としながら）モアは、王への離反者となっていく。一五三二年、議会下院が王の大権を認め、聖職者たちも教会立法権を王に委譲したことで、これに反対するモアは大法官を辞任する。イングランド国教会のローマ教会からの独立を批判する文書を書き、二番目の妻の子の王位継承を認めることも拒否し、結果、モアは反逆罪を背負わされて投獄され斬首刑となる。一五三四年から三五年にかけてのことである。

トマス・モアの「名誉回復」がなされたのは二〇世紀になってからのことである。一九三五年つまり没後四〇〇年に、カトリック教会の殉教者と認められ、聖人に列せられた。

2　イングランド社会批判とユートピア思想

(1)　どこにもない理想郷

「ユートピア」とは、トマス・モアが新しく提起した造語である。「ウ・トポス（どこにもない）」というギリシア語を元に、「どこにもないような理想の国」としてモアが示した架空国名である。今日では、「ユートピア＝理想郷」として、自然美がまだ残っている「最後の楽園」や、逆にとても人工的な甘美な「夢空間パーク」に、ユートピアをもじったキャッチコピーがつけられたりする。

モアの『ユートピア』は対話形式の叙述になっており、いわば三人の対話による演劇の、二巻本の戯曲である。第一巻は、モアがベルギーのアントワープに旅行に来ていて（モア自身が三人対話の一登場人物）、エラスムスの弟子であるピーター・ヒレスに出会い（モアとエラスムス共通の実在する友人だがここでは戯曲の一員）、そこにたまたまラファエル・ヒュトロダエウスという博学の旅人が同席して（これは全くの架空の人物でギリシア語の「饒舌家」に由来）、主にヒュトロダエウスからいろいろな地の話を聞く、という舞台設定である。

第二巻は、対話口調ではあるがほとんどヒュトロダエウスの独壇場で、この架空の旅人が架空の島国ユートピアで見た理想の政治と生活が語られる。最後にそれを聞いていた登場人物モアが、その「理想国」にはいくつかの不条理を感じ全てには同意できないが、話し疲れているヒュトロダエウスに批判をぶつけるのはやめて、望ましい点はたくさんあることを認めて、「また話し合う機会を」と言って、物語は締めくくられる。

(2) イングランド批判の第一巻

第一巻の要旨をまとめよう。私（登場人物としてのモア）が、ヘンリー八世の命を受けてフランダースに外交交渉に行き、その後アントワープに出かけると、ここが地元であるヒレスの訪問を受けて、後日にヒュトロダエウスを紹介される。そして三人の対話が始まり、主には旅人ヒュトロダエウスから見た訪問国イングランドへの社会批判が語られる。

批判の第一点は、イングランドの史実として悪名高いエンクロージャー（囲い込み）である。中世末期からイングランドでは毛織物業が農村で営まれていたが、一六世紀には毛織物市場が拡大したので、地主が小作人から農地を取り上げて牧羊のために囲い込んだのである（これが第一次エンクロージャーで、第二次エンクロージャーは一八世紀に資本主義的大農場経営のために行われた）。小作農民は行き場を失って浮浪者化し、「羊が人間を食い殺す」と皮肉られた。

批判の第二点は、政府の対応の悪さである。第一次エンクロージャーは富者の勝手な非合法活動だったのに、政府はそれを取り締まらず、浮浪者となって都会に流れてきた小作農民たちを厳しく追い立てたり、強制収容したりした。社会的弱者ばかりに厳罰主義を振り向けたのである。

批判の第三点は、こうしてできた社会的不平等である。当時のイングランドは王国であり貴族社会であったのだが、中下層の農民にもささやかな小作生活は保たれていた。そこに毛織物という「工業」と、貨幣という「蓄財物」が入ってくると、弱肉強食は露骨になる。歴史教科書用語で言うヨーマン（独立自営農民）やジェントリ（郷紳）といった富者中間層が台頭する時期である。政治制度が適切に機能せずに産業経済ばかりが進展すると、不平等はますます激しくなる。

批判の第四点あるいは批判のまとめは、貨幣経済と私有財産制度に矛先が向けられる。農産物と違って貨幣はいくらでも蓄財できるから欲望は際限なく駆り立てられる。その前提に私有財産が認められているから農地という生産手段さえ富者が独占してしまう。第一巻終盤でヒュトロダエウスはこう語る。「私有財産制度が廃止されない限り物が公正に分配されることはなく、人間生活全体が幸福になることもない」。

そして第一巻の最後は、ヒレスがヒュトロダエウスに「もっとよくできた新世界」の存在を問い、「私は新世界で五年以上暮らし、そこの姿を世に知らせたい」と言うヒュトロダエウスに、モアが「話してくれ」と願い、食事を挟んで「ユートピアの姿」がゆっくり話し始められる、という場面で締めくくられる。

(3) 批判の裏返しとしての理想の島国

次に第二巻の要旨をまとめよう。第二巻は、「もっとよくできた新世界」であるユートピアという理想の島国のことを、ヒュトロダエウスが語るのである。

まずはこの架空の島の「地勢」が説明され、その先は見出しがついて、「都会について」「役職について」「職業について」「相互のつきあいについて」「ユートピア人の旅行について」「奴隷について」「軍事について」「ユートピア人の宗教について」と続く。理想の島に奴隷？　軍事？　はっとさせられるが、ユートピアなりの姿でこれもあり、なのである。

架空人物が架空旅行中に見聞した架空国の叙述である。第一巻の二倍以上の長さの文章だが、要は第一巻の不幸な現実の国を裏返した理想国である。短くまとめよう。

島と言っても、昔は半島だったところを「平定者」が上陸して民衆を「洗練」し、大陸とつながった部分を掘らせて島にした、という話から始まる。首都アマウロートゥムを中心に五四の都市があり、農村地帯も広がっている。共有の土地を、都市から二年ローテーションで来た人が交代で耕作する。牛に労役の多くを任せ、引退した牛を食肉とする。

こうした話から、選挙と任期制の良好な都市自治の説明へと移る。島人は農業か手工業に従事して一日六時間労働でよく、公開講義などで学問を積んで自由に精神を陶冶し（学者身分も一般人から選出される）、夜は音楽などを楽しむ。物資は各地区の倉庫にあって必要な家族分を代償なしにもらえる。豊富にあるから略奪は起こらず、貨幣がないから貪欲になる人もいない。病院も共同食堂もある。ブドウ酒程度は配られているが居酒屋や売春宿はない。島人は家父長ごとの世帯に属するが、島の全員が大家族のようなものである。皆が麻の簡素な服を着て、絹や羊毛や宝石への欲望はない。男性優位社会を暗に認めているように見えるが、ところどころでは女性の市民的役割も語っている。

さて、一読して「こんなうまい話があるか」とは思う。「奴隷について」という項があるが、奴隷身分は犯罪者と他国での死刑囚と自発的移民奴隷で賄われている。「軍事について」という項でも、島人男女の定期的軍事教練はあるが、そもそも軽率に戦争はやらず、やっても流血戦でなく知的策略戦で勝つ、となっている。

といった具合で、なかなかに都合のいい「理想の共同体」が語られている。私有制でなく、公共の倉庫があるから誰も必需品に欠くことはなく、貧乏人や乞食は存在せず、皆が協和の下にあるから内紛もない。物語内の登場人物モアさえもが、「望ましい点はたくさんある。不条理に感じて全てには同意できないが」と告白するほどにまで、できすぎの「理想」なのである。

3　ユートピアを語る意義

(1)　ユートピアは空理空論か

以上のように「ユートピア」は、公共精神に満ちた島人たちの共和政治体であり、民兵制度はあるが知的策略を優先する平和主義の国である。私有財産制度と貨幣制度を廃した共産制度が採用され、各世帯と都市自治体が健全に機能する豊かなコミュニティである。

この共同体像は、ある意味では空理空論である。イングランドの現状への批判は当たっているだろう。しかし誰もが欲を感じないほど豊かな物資がいつもあふれている社会があるとは思えない。この復古調的な「原始共産制」社会は、現実的な代替案にはならない。その意味では、「近代思想」としては限界があると言える。

それでも、この時代に理想郷を語った意義はあると考える。第一の意義は、当時の最先進国イングランドの「近代的ひずみ」を見事に指摘し、そうでない理想があるとすればどのようなものかを夢想とはいえ追究したこと、それが時代を超える普遍性を持ったことである。第二の意義は、「ユートピア」という発想を世界に与え、後世にも「ユートピア文学」などが生まれるきっかけとなり、社会批判の一つの雛形を提示したことである。第三の意義は、日本には明治初期から紹介され注目され何かと参考にされたこと、つまり日本に早くから「近代化の光と影」を考える材料を与えたことである。

(2)　慎重な批判と批判内容の普遍性

まず第一の意義について。モアが『ユートピア』を世に出した時期は、ヘンリー八世から大法官に任ぜられた時期に重なる。こんな本を書きながら絶対王政の王の官吏でいられたのはなぜか。この「暴君」が意外とモアの執筆には鷹揚で無頓着だったからかもしれないが、モアの方に慎重さがあったことが大きいと見られる。一五一六年の初版はラテン語で書かれ、ヨーロッパ各地に出回ったが、一六世紀中の印刷は一三回にとどまる。モアの生前にはイングランドでは出版されなかった。英訳されたのは一五五一年になってからである。モアは『異端についての対話』（一五三〇年）で「書物それ自身は健全なものだが、今日の状勢で一般大衆がそれを誤解して社会混乱を起こす危険がある」と書いており、すぐイングランド社会に流布することには慎重だった。しかも、対話形式の風刺文学として書いているから、直接の政権批判だという怒りを買いにくい。ここは「文学」という表現手法の強みである。

それでも、この時期にあえて出版したのだから、イングランド社会への批判精神は内包されている。社会の不幸の原因は私有財産制度と貨幣にあると喝破し、近代化する経済社会の問題点を見事に指摘したのである。そしてこの問題点は、イングランドの後を追うヨーロッパ諸国にも発生することを、おそらくモアは予見していた。それへの改革が原始共産制で実現できるとは思えない。モア自身も実現できるとは信じていなかったから「夢の国」に理想を託したのだろう。それでもなお、私有財産と貨幣の偏在が現代にも続いて社会の不幸を生んでいることを考えるならば、モアの批判の内容は近現代を貫く普遍性を持つと言える。

(3)　「ユートピア文学」の先駆者

次に第二の意義について。モア以降、人間の願いを「夢の楽園」に託する「ユートピア文学」は世界各地に生まれている。そして文学は多くの場合、時の政権や強者の理屈をメタファー表現で皮肉る。そこが文学の真骨頂である。文学という芸術は、古代から知的諧謔を語ってきたのだが、「ユートピア」という語と架空存在国は、この知的諧謔の幅を大いに広げてくれたのである。

社会思想というものは、時代と向き合い、それぞれの「今」と「ここ」に批判の目を向ける。そしてその多くは、時代の破壊者ではなく再建者になろうと志している。モアは、敬虔なカトリック信徒であり大法官まで務める現実の政治家であればこそ、イングランドの宗教界と王国の未来を案じ、時代に反省を迫り、夢の文学に思いを託した。その着想と手法は、後世に見事に受け継がれている。現代にまで続き、時代に警鐘を鳴らし続ける「ユートピア文学」の先駆者が、まさに『ユートピア』のモアだったのである。

(4) 日本近代の政治批判手法へ

最後に第三の意義について。日本社会が「トマス・モアのユートピア」に着目したのは意外と早い。明治維新から西洋の思想も文学も入ってきたが、モア流の問題意識と批判手法は、明治期から日本の知識人に受け入れられていたと推察される。初の邦訳は明治一五年（一八八二年）の『良政府談』（井上勤訳）、次は明治二七年（一八九四年）の『理想的国家』（荻原絹涯訳）である。自由民権運動が広まり、明治政府への批判も出てくる中で、モアの思想は時代に求められたのである。日本にも共産主義を唱える主張が明治中期から出てくるが、倫理観に裏付けられた文学表現として『ユートピア』はその先鞭をつけたと言える。

日本の共産主義思想史に踏み込むのは、この章の役割ではないので留保しよう。ただ、自国の政治と社会を批判し改革する気概、そして時には直接的な政治活動ばかりでなく内に秘めた思いを間接的な表現で人々と共有するという手法は、モアから日本社会が学び取り、今も参考にしている知的遺産である。

関連人物コラム2　エラスムス――トマス・モアの盟友

オランダ生まれでヨーロッパ中を遍歴したデジデリウス・エラスムス（一四六六―一五三六）は、トマス・モアと長く盟友関係にあった。二人ともイタリアルネサンスに学び、その人文主義を深く理解し、中世を通して腐敗が見られるカトリック教会の内部からの改革を訴えていた。すぐにプロテスタントに転ずるのではなくルターには批判的であった点でも、二人は共通している。エラスムスの代表作は『痴愚神礼讃』または『愚神礼讃』と呼ばれるものだが、これが書かれたのは一五〇九年、エラスムスがロンドンのモア家に滞在していた時である。巻頭に「ロッテルダムのエラスムスよりその親しき友トマス・モアに捧ぐ」と題した短い手紙のような文章が記されている。

『痴愚神礼讃』は、エラスムスがヨーロッパ諸国を遍歴する中で思いついた風刺を、「痴愚の女神は語る」という題で綴ったものである。この痴愚神が世にある愚かなことを指摘しながら自慢話をする、という形を取って、現実の哲学者や聖職者が空理空論ばかりを語り偽善に明け暮れている現実を風刺している。

モアの刑死に、エラスムスは自身の病状もあって何もできなかった。その失意もあったからか、モアの死の翌年にエラスムスもスイスの病床で死を迎えた。

第4章

ルターの宗教改革の革新性と保守性

1　原点回帰としてのルター改革

(1)「論題」のエピソード

一五一七年一〇月三一日、マルティン・ルター（Martin Luther 一四八三―一五四六）がヴィッテンベルク城の教会扉に「九五カ条の論題（贖宥の効力を明らかにするための討論）」を掲げた。扉に打ちつけるハンマー音が宗教改革の始まりを告げた……。

歴史物語ならこう始まる。だが最新の研究によると、「扉に掲げた」が史実だという証拠はなく、確実にあるのはこの日付のアルブレヒト大司教への手紙である。一一月一日ハロウィン（諸聖徒の日）は、ヴィッテンベルクでも「聖遺物ご開帳の日」であり、その前日が意図的に選ばれたのだろう。「論題」とも「提題」とも「意見書」とも訳されるこの「九五カ条テーゼ」は、要は「贖宥状の購入でなく、聖書に従っての悔い改めこそを教えるべきではないのですか」という議論を始めるための論点整理である。初めはルターとしては、粛々と討論したいという程度の思いだったようだ。だがこの「論題」文書が、グーテンベルク印刷機（一四五〇年ころに活版印刷術が発明された）の普及と相まって、短期間にヨーロッパに広まり、ルター自身の予想を超える改革運動につながった。

(2) 贖宥状批判とは何だったのか

中学高校教科書レベルの説明は単純である。贖宥状（一般には免罪符と呼ばれる。正確には、罪を免ずるのでなく、人間としての原罪は免れないがそれへの罰を免れるための贖《あがな》いを与えるものなので、贖宥状が正しい）を金で買わせるのはけしからん。信仰心でなく金で済まそうとする人々も問題だが、そこに誘導する教会が金欲まみれでもっと問題だ。こんなものは宗教ではない。教会の猛省、大改革が必要だ。

わかりやすいが、単純化しすぎでもある。いわゆる免罪符的なものは、多くの宗教にある。仏教でも「お布施」が金品で差し出されることはあるし、お札を「買ってくる」営みはそこかしこにある。贖宥状の最大名目はサン・ピエトロ大聖堂の修理だった。日本でも神社や寺院の補修建立に金が集められ、多く金を出した者に「救い」が多く期待されることは珍しくない。贖宥という考え自体は宗教には付き物である。教会や神社や寺院の維持に金がかかり、そこに貢献する人に赦《ゆる》しや救いや恵みが与えられるのは、宗教的文脈では自然ですらある。

それにしても、であったらしい。中世のキリスト教会は町ごとの拠点であり、人々は礼拝に通った。希少な聖書は教会にしかなく、文字も儀式説明も全てラテン語である。見ても聞いても理解はできないが、教会にある絵画や聖遺物を見ながら難しそうな教えを聞いていると、原罪への罰を免れて地獄行きから天国行きに戻してもらえる気になるらしい。戻してもらえる確証として贖宥状をちらつかされると欲しくなる。教会は現金収入となる。需要と供給がかみ合い、定価のない贖宥状を供給者（教会）が需要者（信者）の懐具合に合わせて売っていた。

これから述べるように、ルターが居たヴィッテンブルクを含むザクセン地方（今のドイツ中東部）は、政治的独立を目論むうえでも金集めは必要だった。これは宗教ではなく政治である。宗教者として純粋であろうとするルターには、贖宥状の売り方と背景意図は、キリスト教の本義を裏切る許せないものとなっていた。

(3) ザクセン地方と神聖ローマ帝国

ザクセン地方は当時「神聖ローマ帝国」（今のイタリア北部からドイツ北岸まで含む中央ヨーロッパの大帝国。九六二年から一八〇六年まで）の一部であり、アルブレヒト大司教は自らの地位を守るためにローマに賄賂を贈っていた。ローマにあるサン・ピエトロ大聖堂修理への協力は、ほどよい口実になった。地理的には、ローマ教皇の拠点とザクセン地方はアルプス山脈を隔てて南北に離れており、アルブレヒト大司教は賄賂で教皇の口出しを政治的に封じることで、この神聖ローマ帝国の中北部を「神聖でなく、ローマでなく、帝国でない」ドイツ領邦国家群に実質上変えていった。その過程にも金集めは重要だったと見える。

贖宥状はルターの周辺のみで売られていたわけではなかったが、ザクセン地方のローマからの独立目論みという地域時代背景もあって、ルターにはいっそう露骨に見えたのだろう。かの「論題」を提起し、それはローマ教会そのものへの批判も含んでいたから、ローマからは当然にらまれる。聖職剥奪や命の危険も生じる。

しかし、ザクセン地方の当時の特殊性は、ルターにとって不幸でもあったが幸運でもあった、と私は考える。地域独立のための贖宥状金集めが露骨に行われていたのは、不幸な地にルターがいたことになるが、ローマから離れた地域自立性のおかげで教皇からの批判にクッションが置かれて命の危険はありながらもかくまってくれる有力者もいたのは、幸運な地にルターがいたことになる。そしてルター派は、やがてザクセンや南隣のチューリンゲン地方で、一大勢力となっていく。

2　ルターの生涯と思想の要諦

(1)　ルターの出自と「論題」提起まで

ルターは代々農民の家系で、父は銅鉱山の鉱夫に転じやがて粗銅生産の工場主となる。「農民の子」「鉱夫の子」であることをルターは恥じることなくむしろ誇りとし、父の社会的地位向上の中で十分な教育を受けることができた。少年期からラテン語、キリスト教学を学び、大学ではアリストテレス哲学などの人文学を学んだうえ、法学の道に進んで法律家になるべく研鑽を積む。

しかし一五〇五年、運命が変わる。雷に打たれたのである。衝撃の中で死すら予感したルターは、「聖アンナ、お助けください。修道僧になりますから」と叫ぶ。これが彼の誓いとなって、両親の反対を押し切って修道院に入る。

厳格で模範的な修道院生活を経て聖職者となったルターは、ヴィッテンベルク大学に招かれて論理学と哲学を講じ、後にはヴィッテンベルクの城教会でも町教会でも神学の講義・説教を担当することになる（以後、聖職者兼大学教授という生涯を送る）。

ルターはこの時期、「神の義」について深く内省する。そして、人間は禁欲と善行を尽くすとしてもそれで神の義に到達できるとは言えず、神に信仰をささげてこそ許しと恵みを受けられるのだ、という宗教的境地にたどり着く。この境地が「信仰のみ」という言葉で表される「信仰義認説」につながっていく。修道院の塔の一室に住み込んでひたすら苦悩と思索を重ねた末に、自身の修行の努力によってではなくひたむきな信仰によってこそ義とされるのだと、神の光に教えられるような瞬間があったという。この啓示的瞬間を、彼は後に「塔の経験」と呼び、かつての雷に打たれた経験と並べて人生の二大転機としている。

深い聖書理解に支えられた論理的で情熱的なルターの語りは、学生や教会の聴衆に広く支持される。教会の伝統ではラテン語の聖書を使うのだが、彼はヘブライ語やギリシア語にまでさかのぼってドイツ語に翻訳しながら平明に語るので、支持はいっそう高まる。

一五一〇年のローマ訪問は、おごそかな聖地巡礼であると同時に現実の教皇庁の退廃を感じ取るものでもあったようだ。神学博士の学位も得たルターは、聖書を講義しつつ信仰について内省を重ねていく。そして一五一三年に若きアルブレヒト（一四九〇—一五四五）がマグデブルクの大司教に、翌年には大司教の首座と言えるマインツの大司教になり、ドイツでの贖宥状発行を任された。ルターのいるヴィッテンベルクにも贖宥状「販売」が及び、「これを買えば聖母マリアを犯しても許される」といった宣伝文句まで聞くに至って、それでもなお半年は黙考のうえ、一五一七年にルターは、かの「九五カ条の論題」を出す。教会の扉に貼ったかは定かではなく、アルブレヒト大司教に手紙で送った、というところまでが確認できる史実である。

(2) 論争から「三大宗教改革文書」へ

内面の信仰を真面目に考えていたルターは、「贖宥の効力を明らかにするための討論」をおごそかに始めたいと思っただけで、後にReformationと大文字始まりで称されるような大改革の野望はなかった。文書はラテン語で書かれており、ドイツ語に翻訳して印刷技術を駆使してドイツ国民に広めたのはルターではない。内容も純粋に教義に迫っており、例えば九五カ条のうちの第三六条では「真に悔い改めているならば完全に罰と罪から救われており、それは贖宥状なしに与えられる」との意見を出して、聖職者たちに論争を呼びかけている。

しかし、ルターの意図を超えて波紋は広がる。ドイツ中東部のヴィッテンベルクから遠い南西部のハイデルベルクでの僧団会議で、ルターは詰問されるかと思いきや肯定的に受け止められる。ドイツ国内（神聖ローマ帝国の一部であり諸領邦に分かれていても〝ドイツ国〟という意識は芽生えていた）には、批判派もいたが支持派のほうが増える。無視できなくなったローマ教皇は、批判書を出したり審問の場に呼び出したりしたがルターをくじくことはできない。一五一九年のライプツィヒでの論争で、論敵エックはルターを「異端」とすることに一応は成功するが、ドイツ国民の支持を背景に意を決したルターは一五二〇年、「三大宗教改革文書」を公刊する。

第一の文書は『キリスト教界の改善について――ドイツ国民のキリスト教貴族に宛てて』、第二の文書は『教会のバビロン捕囚』、第三の文書は『キリスト者の自由』である。第一の文書は、教皇の権限独占を批判し、ドイツ貴族に教皇権力を排して自主的権力を確立するよう呼びかけるものである。教皇・教会だけが偉いのではなく平信徒みんなが司祭と差のない宗教者であるという「万人司祭主義」が表現されている。第二の文書は、教会が都合よく追加してきた儀式や制度を否定するもので、七つのサクラメント（秘蹟と訳される宗教儀式）のうち聖書に書いてあるのは洗礼と聖餐《せいさん》の二つだけである、と語る。聖書に書いてあることのみに忠実であれという「聖書中心主義」が表現されている。第三の文書は、最重要文書と見られており、キリスト者は信仰と隣人愛を通して霊的な自由を得ることを語り、ここに「自由な主人」になることと「奉仕する下僕」になることは両立する、と語る。信仰によってのみ神の義の下にあるとする「信仰義認説」が表現されている。

(3) 改革への支持とルターの後半生

三大宗教改革文書その他のルター文書は、印刷・公刊されてドイツ国内ではベストセラーとなる。今や教会内部のおごそかな討論では済まず、ドイツ全土を挙げての対ローマの革命運動である。一五二〇年末にローマ教皇は、ルターを破門し、ドイツ皇帝カール五世にルター追放を要求する。翌年、ドイツ南西部のウォルムスでの帝国議会に召喚され審問を受けたルターは、「ここに私は立つ」という名言を残して自説撤回を拒否する。ルターはドイツ国内では強く支持され、支持派は国民の四分の三にまで達したと言われる。

ウォルムスからヴィッテンベルクへの帰途、ルターは拉致されるのだが、これは暗殺を危惧したザクセン選帝侯のフリードリヒ三世による策略で、ワルトブルク城に拉致監禁する形でルターを保護したのである。城内での一〇カ月にルターは新約聖書のドイツ語訳に尽力し、今日のドイツ語聖書の基本を作る。

後半生のルターは、ドイツ農民戦争の前期一五二四年においては、カトリック教会からの「十分の一税」を拒否する農民たちを支持するが、戦争後期一五二五年になると、トマス・ミュンツァー主導の先鋭化した運動を弾圧する側に回る。その他、カトリック女子修道院から脱走した修道女たちを助けてその一人と結婚すること、ルネサンス人文主義者であるエラスムスの『評論・自由意志について』によるやんわりとした批判に『奴隷的意思について』を書いて反論すること、等々の紆余曲折が後半生である。

ルターは、新約聖書のドイツ語訳を完成させた後は、旧約聖書（ユダヤ教の聖典であるが、キリスト来臨の預言の書という意味ではキリスト教にとっても聖典である）のドイツ語訳も果たす。その後も死去するまで一〇年以上、聖書翻訳改訂に取り組む。ヴィッテンベルク大学での聖書講義を続けながら。

(4) 旧教と新教の和議

高い支持を獲得したルターだったが、この新教であるプロテスタント派が、旧教とされるカトリック派とすみ分けるような形で公認されたのはいつか。ルター個人は、黙認はされても「破門」「追放」の身である。皇帝カール五世は苦心して、両派に信仰の文書をアウグスブルク帝国議会に出させることで、和解を図る。そこでプロテスタント派は、ルターの盟友メランヒトンが起草して「アウグスブルク信仰告白」を出す。一五三〇年のこの文書が、歴史上初めての「公認」と見られる。

とはいえ、両派の併存はすぐには進まず、むしろ武力衝突に至る。最終的にはルターの死後、一五五五年の「アウグスブルクの和議」でやっと併存となる。ただし併存といっても、個人個人が新教か旧教かを選べるのではなく、領邦ごとの君主が選べるということで、ルター派教会の地域とカトリック教会の地域が併存する形になったのである。

3 ルターへの社会思想史的評価

(1) 改革者であり保守主義者でもあるルター

本書は伝記でもないのに、今はルターの生涯にあえて紙幅を割いた。その理由は、彼の人生の迷いと決断、向き合った時代の偶然と必然が、人間個人の真理探究と意思決定を内包する時代思潮を、見事に描き出しているからだ。「偉い人の人生記録だから知っておきなさい」ということではなく、生まれ落ちた時代と場所に人はその素質と研鑽をもってどう対決するかを、ルターが一つの典型として見せてくれるからだ。ルネサンスが近代の幕開けと呼べるかは疑わしい、宗教改革でもまだ中世末期と呼ぶべきかもしれない、といった歴史議論はここでは脇に置くとして、時代の曲がり角にいた人物、今から見れば時代を切り拓いたと呼べる人物に学び、今をどう生きるかを考える参考とすることは、本書の目的にかなう。

さて、ルターは近代的な改革者だったか。ここまで見てきたように、新しいことを始めたかったわけではない。むしろ、原点への回帰、古典への忠実さを語ろうとしたにすぎない。あの九五カ条テーゼは、聖職者どうしの真面目な討論の呼びかけであって、市民の意識を覚醒して社会改革を企てようとするものではなかった。しかし実際には、あのように時代が動き、ルター自身もある時期からは命を賭する戦いだと腹をくくった。ただし本心で目ざしたのは、革命的権力奪取ではなく、聖書を普通の人々が読んで共感してくれることであり、わかりやすい翻訳と正しい解説こそがライフワークであった。翻訳と印刷物公刊は、新時代の潮流に乗った改革の手法であるが、原点回帰を訴えたことは真正の保守主義である。

(2) ルターの主張の整理

生涯をたどった前節で、主張内容もかなり記述したことになるが、要点を私なりに整理しよう。

第一点。大事なのは、贖宥状を買って罰を免れようとすることではなく、ひたすら信仰することである。金で買うのはもってのほかだが、善行で「人としての義」を獲得できると考えるのも僭越である。「信仰のみ」に徹して、「神の義」にひれ伏すべきである。ここに「人は信仰によってのみ義と認められる」という信仰義認説が成立する。

第二点。では、贖宥状売買ではない信仰義認を貫くにはどうすればよいか。「聖書のみ」に徹しよ。新約聖書に収められた福音の書にのみ忠実であれ。これが「福音主義」であり「聖書中心主義」である。司祭の言葉が正しいとは限らない。幸いにも翻訳術・印刷術の発達で聖書を直読直解できる時代になりつつある。司祭より聖書を信じよ。すると、聖書に書いていないサクラメント（秘蹟）は余計な儀式だと気づく。

第三点。よって、聖書さえあれば司祭などいらない。というよりも、聖書をひたすら読んでいれば農夫も鍛冶屋も商売人もみんな司祭と同等なのだ。聖職者の権威など否定しよう。誰もが聖書理解を胸に刻みながら各自の職業に誇りをもって励めば十分なのである。ここに「どんな職業人も司祭である」という万人司祭主義が成立する。

第四点。すると、教会を取り仕切る司祭という職業でなくても、司祭を介さずに神とつながることになる。万人が各自のBerufで神に奉仕できるのである。ドイツ語のBeruf、英語のcallingには職業という意味があるが、原義は「呼びかけ」であり、神からの「召命」である。人それぞれが「この職業に励めよ」と神から命じられたのだ。このBerufの考え方が「職業召命観」である。

(3) ルターの社会思想史的意義

では、時代と向き合ったルターの存在意義を、社会思想史的観点から考察しよう。

第一点。「聖書に戻れ」という言い方だけを見れば復古主義だが、それは今現在のゆがみや閉塞状況を打開するための新しい突破口として言っている。ルターは、中世的教会秩序から脱却して主体的・自律的に信仰する人間になろうと呼びかけており、その意味ではやはり近代的人間像を提起していると言える。

第二点。当時のヨーロッパには、アウグスブルクを拠点とするフッガー家のような大商人・金融業者が、特権的に商工業を独占する事例が出てきていたが、ルターの主張はそれらを告発する役割を持った。「どの職業も誇らしい」と語ることで、中小生産者の勤勉な生産活動を肯定した。これもやはり、中世型の支配ではなく、近代的な生産活動・職業活動を認めていく後押しになった。

(4) 時代的な限界

今述べた社会思想史的意義は、同時にその時代ならではの限界も示す。

意義として述べた第一点は、「一歩前進」ではあってもすぐにブレーキをかけさせるものになる。主体的信仰と言ってもカトリック権威からの脱却が主眼であり、神への帰依は絶対である。実際、ルターはルター派(福音主義派)の教会を公認させることを目標としており、個人個人が自由に信仰する社会を目ざしたわけではない。エラスムスの自由意志論とルターの奴隷的意志論との論争を詳述することは控えるが、ルターの自律的信仰とは神にこうべを垂れることを前提としたものだ。

意義として述べた第二点も、限界を見せる。様々な職業を肯定して神への奉仕だと語ることは、裏を返せば、職業身分の固定化を認めることになる。そもそも「内面の信仰」を旨とするルターであるから、現世的な職業階層や世俗権力は追認してしまう。「農民の子」を自認していたはずなのだが、ドイツ農民戦争が先鋭化して貧農たちの共産主義運動になってくると弾圧する側に回る。結局は中産階級的生産者層の立場での改革にとどまっていた、と言えそうだ。

とはいえ、こうした限界の指摘は、二一世紀にいる私からのものである。あの時代の人々に対して、個人主義的自由選択を語れ、職業の多様性と平等性を語れ、と求めるのは、こちらの身勝手だろう。

(5) ドイツ語聖書、文化的副産物

最後に、ルターの功績についてもう一つ付言しておきたい。聖書のドイツ語訳と言っても、そのドイツ語とは何か。当然、方言があるし、諸々の領邦に分かれていれば地方による差は大きい。ルターは居住したザクセン地方のドイツ語を軸に翻訳したわけだが、古典語の知識と「今、ここの人々にわかりやすく伝える」という意識をもって、注意深い翻訳を行い改訂も重ねていった。結果として、ルターの聖書翻訳作業がドイツ語そのものの国家的標準化に貢献したのである。現代のドイツ語聖書はどれも、ルター翻訳を底本としている。

また、ルターには音楽の才能があり、中世のラテン語聖歌とは別にドイツ民衆が歌える讃美歌を多数作った。ラテン語聖歌を翻訳・編曲することもあったし、わかりやすく歌いやすい讃美歌を作詞・作曲することもあった。時代は一六世紀であるから、百年後、二百年後にはバッハやメンデルスゾーンが登場する。ルターは、ドイツクラシック音楽の開祖でもあるのだ。

歴史は時に残酷で、功績は悪用もされる。ルター作詞・作曲の音楽は、第二次世界大戦時のナチスに、軍隊を鼓舞しドイツ国民を戦争に向けて一体化させるために利用された。またルターは、ユダヤ人をキリスト教に改宗させるための著作、改宗しないユダヤ人を批判する著作も書いたのだが、これもナチスに反ユダヤ主義宣伝として利用された。もちろんルターの罪ではないが、文化的遺産は時に負の副産物にも転化する。

関連人物コラム3　ウィクリフとフス――ルター改革の先駆者

宗教改革はルターから始まる、というのが代表的な歴史物語だが、実は宗教改革の先駆者と呼べる人物がいる。イングランドのジョン・ウィクリフ（John Wycliffe 一三二〇ころ―八四）とボヘミア（今のチェコ）のヤン・フス（Jan Hus 一三六九ころ―一四一五）である。

ウィクリフはオクスフォード大学の神学の教授で、教皇を頂点とする聖職位階制で教会が制度化されていること、教会が財産保有に腐心し堕落していることを批判した。また、化体説（ミサでのパンとワインがキリストの肉と血に変化するという説）を、聖書から遊離したカトリック教義の誤りだと否定した。聖書そのものを尊重せよと訴えた点、聖書の英語訳を作った点から見ても、ルターの「聖書のみ」の先駆者と言える。

フスは、プラハ大学の神学の教授で、ウィクリフを支持し、聖職の売買や贖宥状の販売を批判してカトリック教会の改革を訴えた。しかし一四一四年のコンスタンツ公会議で異端とされ、火あぶりの刑に処せられた。この会議では、すでに死んでいたウィクリフの遺体も焼くと宣言され、後に遺体は墓から掘り起こされて焼かれた。フスが処刑された後、フス派は教皇・皇帝の圧迫に抗議してフス戦争（一四一九―三六）を起こした。この戦争は、フス派内の穏健派と教皇・皇帝側との和睦（フス派の鎮圧）で収束した。

第5章

カルヴァンの宗教改革と「戦う教会」

1　ルターからカルヴァンへ

(1) カルヴァンの「回心」から「ジュネーブ共和国」まで

ジャン・カルヴァン（Jean Calvin 一五〇九―六四）はフランス北部に法律家の息子として生まれる。一四歳でパリ大学に入って哲学と神学、そして法学を学ぶ。エラスムスの人文主義、ルターの福音主義の影響も受け、次第にプロテスタント的考えを持つようになる。

フランス国内はまだカトリック勢力が強く、ルター的「福音主義者」をカトリック教会は弾圧する。これを目の当たりにしたカルヴァンは一五三三年、「回心」（反省して心を改める改心ではなく信仰に目覚めて心の向きを変える回心）を経験したという。宗教改革者カルヴァンが本気で歩み始めたのである。

フランスにルター派の思想が広まりだすと、カトリック派の締めつけも強まり、一五三四年にカルヴァンはスイスのバーゼルに亡命する。ここで『キリスト教綱要』を書き上げ、一五三六年三月に刊行する（初版はラテン語。フランス語版は一五四一年。一五五九年の第五版まで改訂増補され、最初は六章だった小冊子が四編二〇章の大書となっていく）。やはり「信仰のみ」「聖書のみ」の立場に身を置き、カトリック派との論争に備えたのである。

この書は反響が大きく、カルヴァンは同年、スイスのジュネーブに招かれ説教師となる。ジュネーブ市の要請を受けて教会改革に着手するが、急激な改革が市当局の反発を呼んで一五三八年に一時は追放される。それでも一五四一年、市の勢力図が旧教優勢から新教優勢に逆転して、カルヴァンはジュネーブに呼び戻されて教会改革を指導し、それ以降、生涯にわたって「神権政治」と呼ばれる宗教中心の市政統治を推し進める。

カルヴァンは、目に見える形で教会が市の中心となり市民生活の柱になることを目ざす。聖職者だけでなく一般市民の日常生活にも、聖書を第一とする厳格な規律を求める。不寛容とさえ言えるその姿勢は、大いなる赦しと救いという一般的な宗教価値観からは先鋭的すぎるのだが、中世型教会の制度と因習に疑問を感じた人々には熱烈に支持される。このジュネーブには、フランスに住むプロテスタント志向の人々も逃れてきて、一五五五年ころにはカルヴァン派による神権政治の自治都市国家「ジュネーブ共和国」が確立される。

(2) カルヴァン派のその後の広がり

ルター派の「地ならし」で改革の方向性は知られており、ルター以上に聖書第一主義をくっきり述べたこと、聖書のみならず『キリスト教綱要』のような重要文書がドイツ語やフランス語や英語に翻訳され印刷刊行されたことで、カルヴァン派はルター派以上に勢力を広げる。

ルターの本拠地であるヴィッテンベルクをはじめとするドイツ（一応はまだ神聖ローマ帝国の一部）では、ルター派教会が、カトリック教会とすみ分けつつ拠点地域を持ち始める。そしてその北方のデンマーク王国、スウェーデン王国、ノルウェー王国にも、ルター派が勢力を広げていく。

しかし、カルヴァン派のほうが勢力拡大は強力になる。カルヴァン派プロテスタントは、フランス王国では「ユグノー」（同盟者）としてカトリック派と二分する（半々とまではいかず少数派にとどまるが）勢力となり、ユグノー戦争で一定程度は自分たちの地位を公認させる。またイングランド王国では「ピューリタン」（清教徒）として後の市民革命の担い手となるし、イングランドからアメリカに渡ってやがてはアメリカ独立を勝ち取る中心勢力となる。スコットランド王国では「プレスビテリアン」（長老派。司祭を置かず、牧師と、信徒代表の長老とで教会を運営する流派）、ネーデルラント（北部七州が今のオランダ、南部一〇州がベルギー）では「ゴイセン」（「乞食」というスペイン総督から反逆者への蔑称に由来）と呼ばれ、それぞれにプロテスタント教会を樹立していく。ただし、イングランドの国教会がやや特殊なのは、本書第3章で述べたとおりである。

するど、近世以降でもまだカトリック派が圧倒的に勢力を持ち続けるのは、イタリア（ナポリ王国やフィレンツェ共和国など）、スペイン王国、ポルトガル王国などの南ヨーロッパということになる（フランス王国も多数派はカトリック）。東ヨーロッパ方面となると、ポーランド王国はまだカトリック派だが、それ以外は基本的にギリシア正教、ロシア正教などの「正教会」（オーソドックスチャーチ）の地である。そもそも三九五年にローマ帝国が東西に分裂してから、ヨーロッパは西方と東方に別々の文化圏が形成されていき、西方のローマカトリック教会と東方の正教会に分かれていた。

(3)　ルター派とは違う「戦う教会」

ルターならば、「内面の信仰」を旨としてルター派教会が諸地域に認められることを目標としたが、カルヴァンは、教会が町の中心に君臨して市民生活をつかさどることを、いわば「可視的教会」となることを目ざした。「信仰のみ」「聖書のみ」の精神をルター以上に厳格に訴え、聖職者のみならず一般市民の日常生活にも規律を求めた。「異教」はジュネーブの中では認めないし、新教の規律に合わせない宗教者は「異端」として処刑する。

ルター派は「教会戦略」に徹するから、そのためには世俗の既存政治権力と手を結ぶこともある。カルヴァン派は「神権政治」を目ざすから、ジュネーブ市のような行政区の政治まで自分たちの色に染め上げようとする。よって、ルター派が教会としてカトリック派の諸地域に少しずつ割り込んでいく際の軋轢《あつれき》とは桁違いの対立を、カルヴァン派はあえて引き受けたのである。

その戦闘的な改革運動は、ジュネーブ市のような自治都市づくりとカルヴァン派諸都市の同盟戦略を模索することになるし、ユグノー戦争のような一国を二分する戦争も辞さない。既存の世俗権力を凌駕する宗教的自治を目ざすカルヴァン派教会は、まさに「戦う教会」なのだ。

2　カルヴァン主義＝カルヴィニズムの特色

(1)　予定説と「神の義」

カルヴァン、そしてカルヴァンを引き継ぐ改革運動を担う人々のカルヴァン主義すなわちカルヴィニズムとは、どのような思想か。基本的には、ルターの信仰義認説、聖書中心主義を踏襲し、市民がそれぞれの職業生活において神の栄光に奉仕することを求めるものである。ただルター以上に、「信仰のみ」「聖書のみ」への希求を強め、しかもそれを内省的に追求するのでなく政治を含む生活実践に表出することを求めるのが、カルヴィニズムである。カルヴィニズムの特色が強く出ているとされる「予定説」を見てみよう（その説の難解さ、そもそもの納得のしにくさについては、次の第3節で論じる）。

全知全能の唯一神を絶対視するカルヴァンによると（というよりカルヴァンの理解するキリスト教によると）以下のようになる。神は人間を、救われる者と滅びる者に、あらかじめ定めている。つまり「救い」は人間の行動に関係なく「予定」で決まっているのである。しかし、原罪を背負い卑小な人間には、救いを予知することはできない。

では、人間はどうやって生きどうやって死ぬのか。「善行を積めば救われる」などと考えるな。その「善行」が、教会の命ずる儀式に参加するという形式主義に陥ると、ましてや贖宥状を買って教会をありがたがることに堕すると、神の加護から最も遠ざかるふるまいとなる。そうではなくて「信仰のみ」である。救済は信仰によってのみ得られる。そのためには、司祭の言葉でなく「聖書のみ」に従え。聖書の言葉そのものに耳を傾け、聖書の中の福音（マタイ、マルコ、ルカ、ヨハネの四福音書）にこうべを垂れるという、福音主義を徹底せよ。

「善行を積もう」とか「人間としての義を果たそう」などと考えるのは、思い上がりである。罪深き人間が、善行で自らの罪を埋め合わせることなどできない。卑小な人間が、義を知って実行することなどできない。できるのは、心からの信仰で神の赦しに浴することだけだ。自分の力で義を得られるなどと思わず、「神の義」の下にひれ伏すことだけだ。「人間の義」があるのではない。あるのは「神の義」であって、その下に付き従うべきなのだ。

(2) 職業召命観

上述の予定説が、神から召し与えられた天命としての職業に励めという「職業召命観」につながる。それはこう説かれる。

救われる（あるいは滅びる）という予定を「知る」ことはできない人間は、何を信じてどう生きていくのか。救いは確証できない。しかし、神の栄光のために奉仕することで、わずかに神による救いを、光として感じ取れるかもしれない。自分が農民として、あるいは鍛冶職人として、こうやって職業に身を投じている日々が、そもそも神が定めた生き方なのだ。ならば、この神に召されている職業に、禁欲的に勤勉に精励することができるのみだ。神への奉仕として、現世では「召命としての職業」に励むことが、聖書を読み信仰を深めることと同時にできる、いや同時併行というより信仰の実践としてできる唯一のことである。

この職業召命観は、ルターにおいてもすでに表明されていた。万人司祭主義（教会の司祭だけが尊いのでなく内面の信仰さえあれば万人が司祭と同等に尊いという考え方）に立つルターは、Beruf（神に召された職業）を鍵概念としていた。それによって近代職業人の人間像を示し始めていた。カルヴァンはこの点ではルターを受け継いだ。また、政治を含む市民生活を宗教と一致させることにはルター以上に熱心だったから、より積極的に世俗の職業への精励を信仰心と結びつけて語った。

(3) 資本主義の精神へ

職業召命観は、一六世紀ヨーロッパの産業の発展、貨幣経済の浸透にあって、独特の意味を持つことになる。それが、後にドイツの社会学者マックス・ウェーバー（一八六四―一九二〇）が指摘した「プロテスタンティズムの倫理と資本主義の精神」である。

「予定」は、「人の知」では知ることはできないし、「人の義」などという僭越な力（力とすらいえない幻想）で変えることはできない。だからこそ「信仰のみ」に従って勤労せよ。それが「聖書のみ」の答えだ。すると、この時代の水準の産業への勤労は、需給関係に上手にはまれば「利潤」を生む。それを貨幣でためることもできる。

この利潤をどうするか。禁欲を破って酒などの遊興に浪費したのでは「神のための勤労」に反するから、与えられた職業にさらに勤勉に精励して、生んだ利潤は「蓄積」する。貨幣経済はそれを可能にする。その利潤蓄積を「神への奉仕」として現世で表現するにはどうすればよいか。「召命としての職業」なのだから、その職業をよりいっそう広めることが「神の義」にかなう。鍛冶職人として十分な利潤を上げられるようになったら、やはり同じ「召命」の下にいるかもしれない次世代職人を育てる。そして例えば鍛冶屋二号店を出店させて、この職業の「奉仕」をより大きく神に差し出す。

個人の手工業という生産段階なら上述のようになるし、機械技術が進み「利潤蓄積」が大きくなり生産力と需要・供給の段階が上がれば、より大規模な生産活動となる。しかも「プロテスタンティズム」が根底にあるから、その職業、その産業部門の拡大こそが宗教的な「倫理」に適合する。

利潤は貨幣として蓄積できる。貨幣は交易媒体としても活用できる。生産技術のみならず輸送・流通技術も上がって人の行き来も活発になる。この流通・交易の拠点が「市場」となる。一方に生産拠点を確保する経済力のある者が、他方に市場での需要と供給の現況を見抜けば、特定の産業に蓄積貨幣を「資本」として投下することができる。それがうまく運んで利潤が上がれば、さらなる蓄積利潤を「再投資」して「拡大再生産」につなげる。これは下世話な欲得ではない。全て「神の栄光」への奉仕なのだ。後ろめたさなど一切感じる必要のない、倫理的な「資本主義の精神」なのだ。

以上のように説明できる精神的土壌をカルヴィニズムは作った、というのが一つの有力な学説である。

3　カルヴァンへの社会思想史的評価

(1)　プロテスタントの定着と「不寛容」という問題点

この節では、カルヴァンの功績と問題点を、宗教学的な評価ではなく、近世の社会思想史における位置という視点で論じる。

カルヴァンの主張、特に後半生のジュネーブでの宗教改革実践は、ヨーロッパ社会にプロテスタントの存在を広く認知させ、定着させるものとなった。そして彼に共鳴する人々が、諸国にカルヴィニズムの町や地域を建設することにつながった。

ルター派もプロテスタント教会を各地に建設したが、個人個人がカトリック教会と見比べてどちらに入信するかを選択できたわけではない。その地域君主が選択できただけである。ドイツ領邦諸国家なら、ルター派「領邦教会」がいくつかの領邦にできたにすぎない。

カルヴァンの時代になってから、個人がこの宗派を求めて例えばジュネーブへ移住するというケースが出てきた。個人としての信仰の自由が認められたのは、フランスのユグノー戦争の結末、一五九八年のナントの勅令が最初である。その一世紀後には勅令が廃止されてユグノーは国外逃亡するのだが、ここまでたどり着いたことはカルヴァンの「戦う教会」の功績である。

戦って新教の地位を勝ち取ったカルヴァンであるが、ジュネーブで市民生活にまで新教的な規律を求め違反者は裁判にかけたこと、批判的な説を唱える神学者を処刑したことなどを見ると、やはりそれは「不寛容」に過ぎるのではないか、という問題点が指摘できる。

新興勢力としての地盤を早く固めたいという思い、ここまで徹底しないと新教の輪郭が打ち出せないという思いはあっただろう。しかし、やったことはある種の「恐怖政治」である。この不寛容ぶりは、時代を切り開く宗教としては狭量すぎるのではないか。カルヴァン自身が、旧教の形式主義に疑問を感じて自由に謙虚に考え直し「回心」に至ったのなら、旧教からの迫害を感じて亡命したのなら、古い鎖を打破するために新しい鎖で縛るのは自制するべきだったのではないか。人々を諭し宗教的な「赦し」に連れていく方法は、他にあったのではないか。

とはいえ、一個人にできることには限りがある。カルヴァン一人の人生に、特に戦ったジュネーブでの後半生に、近現代史を見通した立場から、寛容でないとか、信仰の自由さらには信仰を持たないという自由に届いていないといった批判を投げかけるのは、公平ではないだろう。

(2) 予定説と「神の義」への哲学的問いなおし

前節で見たように、予定説は理解困難な、ある意味で共感困難なところがある。「神の義」の持ち出し方もそうである。宗教的「帰依」に丸ごと抱き込まれるなら「仰せの通り」で済むかもしれないが、冷静な、時に無神論哲学的な考察をして問いなおしてみるとどうなるか。

救われるか滅びるかは、「神の予定」で決まっているという。人間の力ではそれを知ることはできず、ましてや運命を変えることはできないという。ただし原罪の赦しを願って救済を求める者は、ひたすら信仰してわずかに予定を感じることができるという。

しからば、である。信仰をやめても救われるか滅びるか運命は変わらないのだから不信心者になろう、と言ってもよいのではないか。「真面目に」信仰を続ければ救われる可能性が高まり「不埒に」信仰を捨てれば滅びる可能性が高まるのなら、信仰に踏みとどまろう。でも予定は決まっているのだ。人間ごときに変えられないのだ。ひたすら信仰した先に「救いの予定」を感じられるのならよいが、「滅びの予定」を感じてしまったらどうなるのか。信仰の先に希望も絶望も半々にあるのなら、運命を知らない（感じ取らない）ままでいるほうがよい。それに、聖書が要求する規律に従わなくでも「ばちあたり」にはならないだろう。なぜなら、従わないと決めた後に罰が増えるのなら、それは「神が私に対する予定を変えた」ことになり、予定説に反するからだ。

さて、この反問にカルヴァンはどう答えるのだろう。そんな「あまのじゃく」な反問をしてくるような人間は「滅びる予定」にあるから、答えず放っておくのだろうか。そんな「ねじ曲がった」発想をする人間に対しても、「聖書の言葉をお聞きなさい」と諭し続けるのだろうか。聞くのを途中でやめても運命は良くも悪くも変わらない気がするのだが。

また、「神の義」にも理解と共感が困難なところがある。カルヴィニズムは、「神の義」には信仰心をもってこうべを垂れよという。「人の義」は、仮にあると見えても不完全で間違いだらけだから、自ら正義を打ち立てようなどと尊大にならずにひたすら信仰して「神の義」にひれ伏せという。

ここでもやはり、しからば、である。現世に生きる者が、何が正義で何が邪悪かを自分で考えてはいけないのか。「人の義」が間違いをしばしば起こすとしても、間違ったらやり直すのが人間であり、間違えそうな人に声をかけるのが人間どうしではないか。自分で考えたり、他人と話し合って考えを歩み寄らせたりすることをやめて、ただ思考停止して聖書を読めというのが、「聖書のみ」にある「神の義」なのか。

(3) 問いなおしを宗教と哲学の根本問題として

この種の問いなおしは、宗教的帰依を哲学的理屈で説明できるのかという、「哲学と宗教」の根本問題であり、カルヴァンに基づいて検討するという域を超えている。プロテスタンティズムを超えて、キリスト教をも超えて、宗教全体の批判的検討をじっくりしなければならない。そこまでこの章ではできないので、ごく簡単に述べておこう。

例えば仏教には、「他力本願」という考え方がある。自分で努力しない者が他人の力に頼って何かを成就させようとする、という意味では全くない。浄土宗の開祖、法然（一一三三―一二一二）は、仏の救いの力である「他力」に身を任せること、そのために「専修念仏」を行うことを説いている。浄土真宗の開祖、親鸞（一一七三―一二六二）は、「善人なをもて往生をとぐ、いはんや悪人をや」（弟子である唯円の筆による『歎異抄』）と語って、功徳を積む善人よりも煩悩にとらわれる悪人のほうをこそ仏は救う、と「悪人正機説」を説く。つまり二人とも、自力で善行を積めば救われるなどという「思い上がり」は捨ててひたすら信心せよ、と説いているのである。

キリスト教に話を戻しても、人間側の力を戒める伝統が見られる。中世初期のグノーシス派は、神の啓示を人間が直観するというグノーシス主義（覚知主義）を唱えたが、やがてそれは、「ひたすら信仰し福音を待つ」という考えに反するとして異端視された。またペラギウス（三五〇？―四二五？）は、「人は善行によって救われる」と唱えたが、アウグスティヌス（三五四―四三〇）が「救いはひたすら神の恩寵《おんちょう》による」と反論して中世前期キリスト教の基礎を築いた。やはり人間の直観力や善行でなく「信仰のみ」なのである。

つまり、カルヴァンの予定説や「神の義」の論に限らず、言っていることはこうだ。神（仏教なら仏）の力は絶大だから、人間の力で何かができるとは思わず、ただ信仰することが本当の神への道（仏への道）である。善行をやめよ、修行をするなと言っているわけではないが、善行を積めば、修行にいそしめば救われやすくなるという「打算」や「うぬぼれ」は禁物である。こうした意味合いで、カルヴィニズムを受け止めればよいのではないか。

本章でこの問題を論じるのはここまでとする。ただ、もう一言だけ述べればこうである。宗教的であろうとなかろうと、何かへの取り組みが前に進めば進むほど、人としての「謙虚さ」を忘れないようにしよう。「実るほどこうべを垂れる　稲穂かな」という金言を思い返して。

(4) プロテスタンティズムと資本主義の精神

プロテスタンティズムの倫理が資本主義の精神の土壌となり、特にイングランドピューリタニズムにおいて、当時の技術力とも相まって産業革命を創始させた、というのがウェーバー説である。そして、実際に職業精励のカルヴィニズムは、中産階級に支持され、政治経済都市の形成を促し、現世肯定的な市民社会づくりにつながり、近代史を切り拓く役割を果たしたと評価できる。

それはそう受け止めるとして、二一世紀の我々が、宗教的な倫理意識をどう振り返り、資本主義の理想と現実をどう論じることができるか。プロテスタンティズムの倫理に立ち返って資本主義をやり直せ、とでも言えばよいのか。

思想史を学ぶこと、特に社会思想史として学ぶことの意味を自問して、私は「今を考えるための」と本書に銘打っている。今日の資本主義が、物量生産流通の資本主義から金融取引の資本主義に変わり、さらには情報商品の資本主義に変わりつつある中で、「資本主義の精神」が格差縮小や労働環境改善に役立つ部分はあるだろうか。

宗教意識を復活させれば「ゆがんだ」カネ儲け主義を食い止められる、というものではない。ルターやカルヴァンの「召命」と「勤労」の主張は、職業の自由やワークライフバランスの今日的考え方とは接合しにくいだろう。ただ、もし今の社会が資本主義の行き過ぎや変質をもたらしているのなら、何らかの軌道修正や抜本的な反省を議論するために、プロテスタンティズムの倫理をもう一度振り返ることには、意味があるかもしれない。

関連人物コラム4 ツヴィングリ――ルターとカルヴァンの間に

ルターとカルヴァンが活躍する間の時代で宗教改革に役割を果たしたのが、スイスのフルドリッヒ・ツヴィングリ(Huldrych Zwingli 一四八四―一五三一)である。地元の名士の息子として大学で宗教学を修め、二二歳の若さで司祭となる。エラスムスの人文主義、ルターの改革論に学び、聖書の原典研究に注力したツヴィングリは、教会の位階制度や贖宥状販売に疑問を持ち、ルターと同様に「聖書のみ」という考えに至って改革に取り組む。ただし、内面の信仰を主眼としたルターとは異なり社会変革まで目ざしたし、聖餐をめぐる議論などでルターと対立した部分もある。

神権政治は、ジュネーブでのカルヴァンより、チューリッヒでのツヴィングリが先駆と言える。彼はチューリッヒ市参事会に招かれて市の教会の説教師となると、聖書にない教会制度を次々と廃止する。抵抗を受けながらも改革派教会創立と市政改革を果たす。改革運動は周辺にも波及し、プロテスタント諸州と同盟を結ぶところまでこぎつけるが、危機感を抱いたカトリック諸州も連合体をつくって対抗してくる。一時は和議が結ばれたが、最後には武力衝突(カッペル戦争)となって、ツヴィングリは戦死する。後々、チューリッヒ改革派教会はカルヴァン派と合流することとなる。

第6章

ホッブズの国家（コモンウェルス）の両義性

1　ホッブズの生きた時代

(1)　ホッブズ、ロック、ルソーの社会契約説

中学高校の社会科教科書では、ざっくりこう記述されている（と多くの人々は印象づけられている）。まずホッブズが、諸個人みんなの契約によって公権力（国家）が成立することを説いた。次にロックが、公権力が契約に反したら市民側に革命を起こす権利があることを説いた。最後にルソーが、公権力は常に市民の意志を体現する人民主権としてあるべきだと説いた。このような流れが近世の啓蒙思想史の要点であり、市民が国家を契約で建設するのだという「社会契約」が民主主義の重要な考え方である。そしてこの思想史は現実の市民革命史と軌を一にしており、ホッブズが清教徒革命に寄与し、ロックが名誉革命に寄与し、ルソーがフランス革命に寄与した……。

かなり乱暴な記述（印象づけ）で不正確ではあるが、全く的外れでもない。「社会科、特に歴史は暗記もの」というイメージで勉強した（させた）人は、ホッブズを「契約国家」や『リヴァイアサン』という用語・書名と線で結ぶこと、ロックを「抵抗権」や『統治論』と線で結ぶこと、ルソーを「国民主権」や『社会契約論』と線で結ぶことができたらOK、としがちである。もちろん、暗記することが歴史を学ぶ目標ではないし、線で結んで点数を取ることが勉強ではないが、初歩段階では、こんな学習方法もあるのかもしれない。

さて本章では、啓蒙思想史の初期の人物とされ、社会契約説の最初の思想家とされるホッブズを取り上げる。清教徒革命と王政復古の時代にあって、時には革新的な議会支持派と見られ、時には保守的な王政支持派と見られ、何とも「中途半端な」評価をされる人物なのだが、本人の語る言説がブレていたわけではない。そして今を考えるための思想史として振り返ると、間違いなく政治と社会の考え方に一里塚を示してくれる人物なのである。

(2) イングランド市民革命下のホッブズ

トマス・ホッブズ（Thomas Hobbes 一五八八—一六七九）がイングランド南西部に生まれた年は、イングランドがスペインの「無敵艦隊」を破り、世界に覇権を広げる時期である。一二歳のときに国教会の牧師だった父親が蒸発したが、裕福な実業家の伯父に引き取られて秀才として育つ。オクスフォード大学卒業時に、キャベンディッシュ男爵（後のデヴォンシャー伯爵）の息子の家庭教師となり、その後ずっと継続的ではないが貴族一家の家庭教師あるいは秘書として、金銭的には困らずに学問研究ができる人生を、独身のまま送る。

一六一〇—一三年に、付き添い家庭教師としてフランスとイタリアに滞在するが、その後も一六二九—三一年、一六三四—三七年とヨーロッパ付き添い滞在の機会を得る。信頼されて自由時間も与えられた付き添い役であったから、ユークリッド幾何学を書物で学んだり、数々の知識人と研究交流できる手がかりを得たりする。哲学者ベーコン（一五六一—一六二六）、物理学・天文学者ガリレイ（一五六四—一六四二）、数学・哲学者デカルト（一五九六—一六五〇）などとも知己となり、知的刺激は深まっていく。

この時代のイングランドは、王政とはいえ議会が制限をかける混合政体で、一六二八年には「権利の請願」を議会が王チャールズ一世に提出して、国王の勝手な課税などに異議を唱える。王は議会を解散して専制を続けるが、増税の必要から一一年ぶりに議会を招集する。一六四〇年春の「短期議会」、同年秋から一〇年以上にわたる「長期議会」、ここで王党派と議会派の対立は深まり、一六四二年からは内乱状態となる。内乱が議会派勝利となり、チャールズ一世処刑で一応は締めくくられる一六四九年までの七年間が「清教徒（ピューリタン）革命」と呼ばれる。

議会派は、クロムウェル率いる「独立派」が、右派「長老派」を抑え込み、左派「水平派」を壊滅させて共和政を始めるが、事実上はクロムウェルの軍事独裁となる。一六五八年のクロムウェル死後、長老派が王党派と妥協して、一六六〇年にはチャールズ二世が亡命先から帰国して王政復古となる。議会尊重という妥協案での王政復古のはずだったが、チャールズ二世が、そして弟で次に即位したジェームズ二世が、専制政治に逆戻りしたため、議会はジェームズ二世を退位・国外亡命に追い込み、その娘と娘婿をオランダから招いて夫婦共同の国王とする。この一六八八―八九年の政変が、流血の惨事を伴わなかったということで「名誉革命」と呼ばれる。八九年の「権利の宣言」とそれを法文化した「権利の章典」で、立法や課税での王権に対する議会の優位が定められ、この後「王は君臨すれども統治せず」という議会政治が進むことになる。

(3) 市民革命時代とホッブズの執筆・公刊

さて今、一七世紀史を年号付記でおさらいしたのは、ホッブズがいつどこで執筆・公刊をしたかを確認したいからである。

ホッブズが三回目のヨーロッパ滞在から帰国したのが一六三七年である。自然科学的知見も取り入れて壮大な哲学体系を構想していたホッブズは、『物体論』『人間論』『市民論』三部作の執筆順序を入れ替えて、課税をめぐる議会闘争の時世、一六四〇年に『市民論』をまず書く。同年に書いた『法の原理』は、王権擁護論と見られて手稿が王党派で読み回される。

議会派からの弾圧を恐れたのか、同年末にホッブズはフランスに亡命する。『市民論』は一六四二年に匿名で発表され、四九年になってフランス語版、五一年になって英語版が公刊される。『法の原理』は五〇年になって公刊される。さらに、これら二著を発展させた主著『リヴァイアサン』も五一年に公刊される。いずれもフランスに身を置いてのことである。そして、『リヴァイアサン』が無神論的だとフランスの王宮から批判されると、翌五二年にはイングランドに戻り、クロムウェル共和政に従う姿勢を示す。

その後は、政争からは距離をとって、五〇年代後半に『物体論』と『人間論』を公刊する。六〇年代には『哲学者と法学徒との対話』、清教徒革命を研究した『ビヒモス』を執筆するが、これらは王党派から批判されて公刊は後年となる。ただこの時期には、『リヴァイアサン』が外国で評判となり、ラテン語訳やオランダ語訳が公刊される。七九年に九一歳で死去するので、八八年の名誉革命は目撃していない。

(4) 革命の世紀ならではの「右」から「左」からの批判

さて、こう振り返るとホッブズは、右へ左へとブレていたとも見えるが、そんなに風見鶏のように主張を変えていたのか。著作や諸研究を検討すると、どうやらそうではない。彼なりの「正道」は一貫しており、それが王党派と議会派との中間的位置にあったので、時勢によって右派から批判されたり左派から批判されたりした、というのが私の見解である。

恐れて亡命したり機を見て帰国したりという振る舞いは「正道」に疑いを持たせるが、生まれたときに母親がスペイン無敵艦隊襲来の噂を恐れるあまり早産になったという逸話があり、自ら「恐怖との双子」と称していたくらいだから、「怖がり」で慎重派ではあったのかもしれない。

ホッブズ自身は、ユークリッド幾何学を学び、時代最先端の自然科学者ガリレイ、デカルトから刺激を得て、ベーコンから経験論哲学の着想も得ていた。それゆえ、かなり客観的な物質観と人間観を育み、社会観においても理を尽くした推論を重ねていた。おかげで無神論者だ、唯物論者だという、不利なレッテルも貼られていた。

ホッブズの思想内容は次の第2節で述べるが、要は、彼は彼なりの洞察をもって時代と向き合う視座を定めた、ということである。その慧眼が公権力構成の新しい理論となって、社会契約という概念を近世思想史に刻むことになる。革命、その硬直化、反動、再革命、と時代の現実のほうが左へ右へと揺れる中で、ホッブズの国家論はそれなりの王道、中央道を歩んでいたと言える。

2　ホッブズ思想と「契約国家」の要点

(1)「神の下」でない人間と社会

ホッブズの啓蒙思想家、近世社会思想家としての主著はやはり『リヴァイアサン』である。ここではこの著を中心に彼の思想の要点を見ていく。

リヴァイアサンとは旧約聖書に出てくる怪物の名前で、それをホッブズは「人々が契約して成り立たせる公権力としての国家」になぞらえて自著名に選んだ。初版の口絵（岩波文庫の表紙になっている）が象徴的だ。手前に町の俯瞰図、その奥に山脈、そのまた奥に王冠をかぶった巨人の上半身が見える。巨人は右手に剣、左手に牧杖を握り、その両腕と身体は多数の小さな人間たちが見上げるように集まってできている。つまりホッブズのリヴァイアサンは、世俗の権力と宗教的な権力の両方を掌握し、人々の意志を吸い上げた王のような存在として、町全体に君臨しているのである。

ホッブズは無神論者ではないが、少なくとも、人間社会・国家を神の下の被造物と見なすことは拒否している。神の意志が人間を共同化して国王というリーダーを派遣した、などとは考えない。現世存在者の基本単位は人間「個人」で、その個人たちが意志をもって共同の社会を形成し、それらの合意の先に統合権力としての国家がつくられる、というのがホッブズの国家観だ。

ホッブズのコモンウェルスすなわち国家とは、個人個人の人間が自己保存を続けるために各自の権力を譲り合ってつくった「怪物になぞらえた公権力」である。ホッブズは少なくともこの文脈では、「神の下に集う人間の社会がやがて国家となる」といった言い方はしない。「神の下にある家族」や「神に集められた民族」を単位とせず、人間個人が各自の意志をもって形成するのが国家だ、というわけである。

(2) 自然状態、自然権、自然法、社会契約

ホッブズの人間観は、「人間は自然状態にあっては自然権を主張しあうが、自然法に従うことで相互の主張に折り合いをつけられる」というものである。そして社会観は、「その折り合いを確実にするために、社会契約を結んで国家を樹立するのが、人間が社会で生きるということだ」というものである。

ここで、ホッブズの（そしてロックやルソーの）思想を説明するために必要な基本用語を、とりあえず最小限の字数で定義しておこう。自然状態とは「法や政体がまだ存在しない世の中」であり、自然権とは「人間本性に根ざした誰もが持つ権利で、まずは自己保存の権利」である。自然法とは「人為的な権力秩序ではなく、自然権を守るための本来的普遍的な法」であり、社会契約とは「自然権をはじめとする人間の諸権利を相互に保障しあうために、人々が合意して結ぶ社会的な契約」である。

この定義に従ってホッブズ思想の大筋を語ると、次のようになる。

自然状態では人間は、「万人の万人に対する闘争」におちいる。自己保存は、自然権として追求して当然だが、もともと人間は利己的なので、自己保存のために無制限に自由に行動し、他人を暴力的に制圧することも辞さない。「人間は人間に対して狼」なのである。

しかしこの万人の闘争状態では、欲望を満たし生命を維持するための行動が、お互いの生命をおびやかし自己保存を危うくさせる。そこで、人間として本来的な法である自然法を、自然権を制約する秩序として用いよう。本能的欲求を人間的理性で制御して、相互の自由を制限することにしよう。生命維持、自己保存はそうしたほうが安定する。

そして、平和に安全に自己保存を続けるためには、各人は自分の自然権を公的な権力に譲渡すること、端的には暴力的に他人の生命をおびやかすような自由は放棄することが求められる。ここに相互の意志を一致させて、公権力である国家に、無制限な自由というような自然権は全員が譲渡する、という契約を結ぶ。この契約によって人間は社会として平和に安全に結合するのだから、この人間の合意こそが社会契約なのである。国家とは、人間が個人個人の意思によって社会契約を結ぶことで成立するものなのである。いわば、人民の総意を吸い上げ諸権利の一部（例えば誰かに実力行使をする権利）を占有する上位権力なのである。

(3)　コモンウェルスという国家観

「国家」という言葉をさりげなく使っているが、ホッブズは、以上のような説明に基づく国家を「コモンウェルス」と名付ける。コモンのウェルスだから「共通財産」「共通善」という語感があり、現代英和辞典では「共和国」「連邦」「自治政府」「州」などを指す。ホッブズの言う「国としてまとまった上位権力」を表現するには、「共同体」「公共体」と訳してもしっくりこないし、「共同社会」と訳そうものならテニエス（ドイツの社会学者でホッブズ研究家でもある）の主著『ゲマインシャフトとゲゼルシャフト（共同社会と利益社会）』での定義が想起されて、ホッブズ思想から離れる。結局、多くのホッブズ訳書やホッブズ研究論文はカタカナで「コモンウェルス」と表記しているが、本章では、「ネイションステイト（国民国家）」のことではないと断ったうえで、冗長にならぬよう、端的に「国家」と表記する。

その「コモンウェルス的な国家」であるが、王政・君主政と対比される共和政（リパブリック）を意味してはいないので「共和国」とも訳せない。絶対王政国が多い近世初期にも、王のいない共和国は小規模にはあった。マキアヴェリがいたフィレンツェ共和国、カルヴァンがいたジュネーブ共和国がそうだ。ホッブズがコモンウェルスと言うとき、王を排除した市民平等の合議体であるべきだとは考えていない。この時代のイングランドは王政であるが、王が人民の（少なくとも中産階級の）意志を汲み取っているなら、ホッブズにとってはコモンウェルスなのである。

(4) 議会派でもなく王党派でもなく

当時のイングランドは議会制度が先進的に存在しており、だからこそピューリタン中産階級の力を背景にした議会派が強くなって清教徒革命が起こるのだが、ホッブズは「革命よ、起これ」と念じていたわけではない。むしろホッブズは、王が長でありながら議会も強い混合王政のイングランドを憂えていた。「中途半端」と見えたのである。

人民の意志を社会契約として吸い上げ平和で安全な統一権力になっていれば、その統一の先が王という一人の人間でも、議会という合議体でも、ホッブズは認める。それが「コモン（人民共通）」の「ウェルス（財や善）」になってさえいればよい、という考えなのだ。

現実は、王党派と議会派が勢力争いをしていて、「万人の万人に対する」ではなくても「議会の王に対する」あるいは「王の議会に対する」闘争となって、社会の平和・安全が保障されていなかったので、ホッブズはどちらの派にも与《くみ》しなかった。結果、「中間派」となり、議会派が強くなった時期にも、王党派が強くなった時期にも、「敵方を擁護している」と論難されたのである。

3　ホッブズへの両義的評価と思想史的位置

(1)「個人の権利から契約国家へ」という革新性

ここまで述べたようにホッブズは、「王家を廃絶して議会中心の国政に変えよ」と訴えたわけでも王政復古を願ったわけでもない。そして中間派を「選んだ」わけでもない。時勢を見て亡命したり帰国したりと腰の据わらない行動はあったが、基本的には我が真実を追究する思想家であり、実際に人生終盤は、政争から距離を置く思索と執筆の日々だった。

ここでは党派関係は脇において、思想家としての評価を近現代史の流れから考えてみよう。本人が選んだわけではない「中間派」だが、「絶対王政から議会制民主主義へ」という流れを肯定的に見る観点から語れば、ホッブズが時代を一歩進めたことを高く評価できる。

まず、「国家は社会契約で成立する。人民の合意で契約国家をつくっているのだ」という考え方は、画期的な革新性をもつ。もちろん、契約成立の日時を歴史的に確定できる、とホッブズが言っているのではない。概念整理として、国家やそれに準ずる政治権力機構をこう説明すればわかりやすい、ということであり、説明として通用するならそれが実質化するような方向で政治を点検し修正することが可能である、と言っているのである。今日的な民主主義を十全に語れているわけではないが、理論構成は近代的である。

社会契約という発想は、エピクロス（紀元前三四一—前二七一）やキケロ（前一〇六—前四三）といった古代哲学者にもあったらしいが、はっきり定式化したのはホッブズである。そして、自然権、自然法といった理念語を持ち出して、社会の成り立ちを、歴史的順序としてではなく理念の積み上げとして語ったことには、近代国家を説明する一方法を与えてくれた功績がある。

もう一つ、肯定的な意義として指摘できるのは、ホッブズが「個人」を基本単位とし、その「権利」をまずは認めていることである。それまでは、村落にせよ王国にせよ、共同体の基本単位は「家族」であった。家父長制がまだ続くし、女性や子どもが「個」として認められるのはずっと先になるが、人間を個人だと、しかも「権利者」という固有の存在だと見立てたことは、やはり革新的である。「個人の権利」があると明確に語り、国とは神のおかげでなく個人たちが合意してつくる「契約国家」なのだと語ることで、間違いなく近代的個人の発想に道を拓いたと言える。

(2) 「王政も主権国家」という保守性

しかし、革新的で近代的な前進だと意義を語ってばかりもいられない。実際、「権利譲渡先が王でもコモンウェルスになる」と言っており、王政・君主制擁護で時代に逆行する言説だ、と否定的に評価される面もある。特に意義を疑われるのは、権利譲渡先の王あるいは合議体が「主権者」であり譲渡者たちは「臣民」だ、と言ってしまう点である。結局は専制君主制も許してしまうような保守的な思想だ、婉曲に言っても保守勢力に利用されやすい思想だ、というマイナス評価が下される部分はある。

今日的な民主主義の議論からすれば、権利は「譲渡」ではなくせいぜい「委託」だろう。ましてや、譲渡先がもっぱら「主権者」となって人民は「家臣としての民」となって絶対服従する、という解釈は受け入れられないだろう。

「主権者」を間違えて選んだらどうなるのか。首をすげかえることはできるのか。選出しても任期制にするほうが、場合によっては任期途中でもリコールできるようにするほうが健全ではないか。そんなことを現代人なら思ってしまう。ホッブズに「抵抗権」のような発想が全くないわけではないが、人民が逃げ出すくらいは考えても権力者を解職することは考えていないようである。合意して主権者を立てたのなら、あとで対立候補と競わせたり権力分散で相互牽制させたりするのは、「平和と安全」に反すると考えているようだ。

こう読み解くとホッブズは、「主権国家」という近代的な理念にたどり着いたようでありながら、主権者は君主でもよいとして王政も主権国家の一種と認めてしまい、専制政治に舞い戻る余地を残していると見られる。実際にホッブズは、クロムウェル治世を受け入れてそれが独裁化していっても異議を唱えなかったし、王政復古後は王チャールズ二世に厚遇されている。王党派の右派からはまだ危険思想視され続けたが。

(3)　ホッブズの近世思想史での位置、および「ホッブズ問題」

ホッブズは、「主権」概念を導出する過程では人間個人を権利者とする人民的立場に立っているが、権利譲渡が済めば支配者的立場に道を譲っているのだと言える。それは、推論の過程ですり替わったとか年齢とともに保守化した、ということではなく、「中間的位置」にずっといた、ということだと私は解釈している。そしてその位置は、ロックやルソーに続く社会思想史の系譜として読むならば、不十分ながらも確かな一歩、と考えられるのである。

紙幅が予定を超えたので最後に短く問題を指摘しておく。自己保存を平和に安全に続けるために皆が一斉に権利を譲渡する、というのは歴史的一瞬の事実として語っているのではもちろんないが、概念整理としても説得力に欠けるのではないか、という問題指摘にホッブズはどう答えるのだろうか。相互に同時に我欲を捨てられるのなら、核武装でにらみ合う軍事緊張の危うい「平和」も、言論統制と監視社会で保たれる見せかけの「安全」も、乗り越える知恵を人類は持てているはずなのだが。「相手も同調してくれると信じて自分に有利なものを放棄する」ということは、思考実験としてすら難しいのかもしれない。この「ホッブズ問題」は、まさに「今を考えるための」難題でもある。

関連人物コラム5　ボダン――ホッブズの前の国家主権論者

ホッブズは「個人」を基本単位として考え、まずは権利の持ち主とした。推論の結末では、「各個人が主権者」ではなく「臣民」の位置になってしまうのだが、近代的個人主義に先鞭をつけた功績は大きい。ならば、それより前の代表的な主権論はどうだったかと言えば、ボダンの「国家主権論」を挙げることができる。

ジャン・ボダン（Jean Bodin 一五三〇―九六）はフランスの法学・経済学者で、一五七六年の『国家論』は、ホッブズも参考にしているようだ。ボダンの議論に「個人」は登場せず、まずは「家族」を基本単位とする。家族という自然状態は野蛮にとどまるから、家父長的権力を統御した「国家」を主権者としてつくるべきだ、というのがその主張である。そして、至上の政治権力である「主権」は国家にあるとし、国家が自然法と神の法に従って統治を行うとした。

個人尊重の発想はなく、ホッブズ以上に前近代的ではある。だが、宗教的権威に呑み込まれずに世俗社会での主権の絶対性を論じた点では、中世から近世への橋渡しになっている。

第7章

ロックの近代性と近世的限界

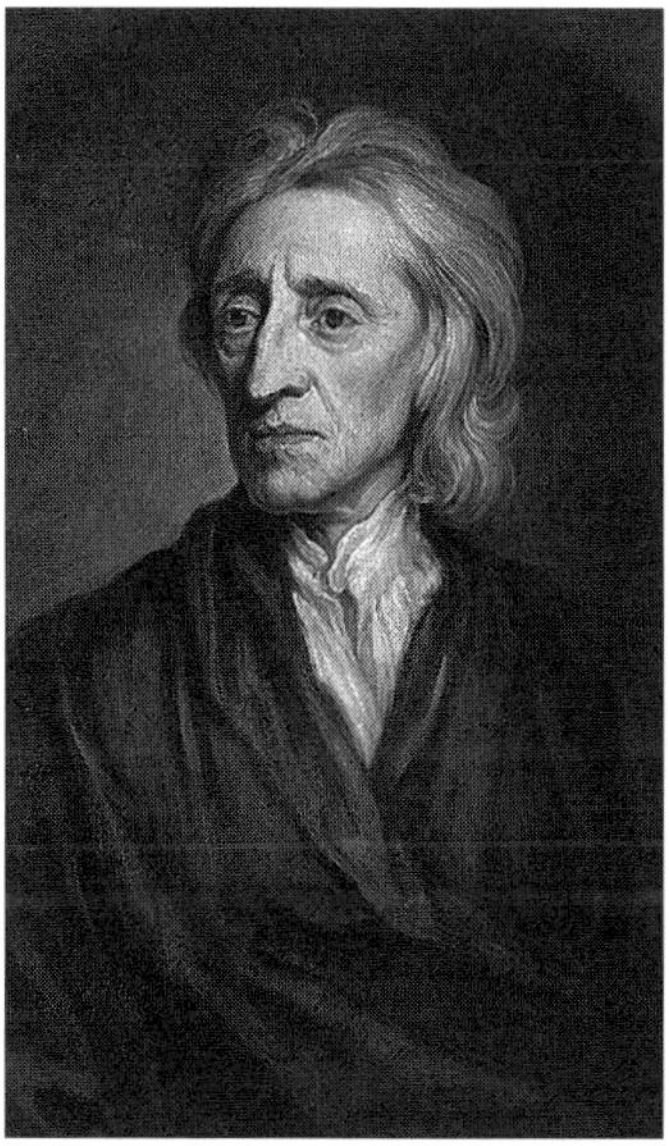

1　ロックとイングランド市民革命

(1)　社会思想家としてのロック

ホッブズの次はロックである。ざっくりとした説明はこうだ。ホッブズもロックも社会契約による公権力樹立を語るが、ホッブズにおいては、契約後は公権力政体が主権者となり人民は「臣民」という地位にとどめられるから、上下関係は固定化されて専制君主政も擁護されてしまう。その点ロックは、契約は結んでも公権力が信託に反する暴政を行ったら人民には抵抗し解任を求める権利があるとしている。よってロックのほうが、より近代的で現代の民主主義に近づいている。本章ではもう少し丁寧に、ロックが人民にどんな権利がありどう信託したと論じているのかを見ていこう。

また本章では、ロックの生きた時代、著作の執筆と発表の時期をいくらか確認して、彼が時代と向き合ったときの問題意識と現実的立ち位置も考えることにする。とはいえ、近世思想史書の一章という紙幅なので、社会思想家としてのロックに話を限定し、経験論哲学者の側面は割愛する。宗教的寛容論についても、政教分離論という政治思想と関わる部分のみについて言及する。

(2)　革命の時代に生きて

ジョン・ロック（John Locke 一六三二―一七〇四）の生没年を見れば、一六四二―四九年のピューリタン革命、一六六〇―八八年の王政復古、一六八八―八九年の名誉革命が全て人生に含まれることがわかる。父親は弁護士で、ピューリタン革命期には王政に対抗する議会派の軍にも参加する。少年期から聡明だったロックは、オクスフォード大学で哲学と医学を学び、後に同大の講師も務める。

転機は一六六六年、有力政治家アシュリー卿（後にシャフツベリ伯となる）に見込まれたことである。秘書兼主治医として召し抱えられ、以降、この伯爵家とその縁者に取り立てられる。王政復古期の一六七〇年代、このシャフツベリ伯もロック自身も、クロムウェル独裁よりは寛容と見えた国王を初めは支持するが、実は国王がフランスと密約してイングランドをカトリック国にしようとしていること、その先にイングランドのフランスへの属国化が起こりかねないことを知り、議会派に転じる。シャフツベリは反国王勢力を組織し、これがウイッグ党（後の自由党）になっていく。ちなみに、ウイッグは「謀反人」という意味で、かたや王党トーリー（後の保守党）は「無法者」という意味である。どちらも敵対側がつけた軽蔑のあだ名だが、それを自らの党名にしてしまうのは面白い。

反国王闘争を繰り広げるシャフツベリは、さすがに身が危うくなって一六八二年にオランダへ亡命する（翌年死去）。シャフツベリの知恵袋と見なされたロックも翌年亡命する。オランダでは地下生活も強いられたが、守ってくれる人もいて、哲学、宗教、教育、政治に関する文書を書き溜める時期となる。名誉革命後、これらの文書が公刊され、また新しい著作も出すことになる。生涯史を見るなら、ロックは人生終盤になってからやっと世に知られる存在となるのである。

ロックは名誉革命を理論的に裏付けた社会思想家と呼ばれ、まるで革命活動家たちに作戦室で理論を説いていたかのようなイメージがあるが、名誉革命期はオランダ亡命中であった。その革命正当化理論とされる『統治二論』（第一論文と第二論文から成るので二論。『市民政府二論』とも呼ばれる）を発刊したのは、革命成功後にイングランドに帰国した翌年の一六九〇年で、しかもその時点では匿名公刊である。さらに最近のロック研究によると、名誉革命を知って援護するように書いたわけではなく、原稿は革命前にほぼ出来上がっていたらしい。

(3) ロックのもう一つの側面

ロックは、物理学・化学者ボイル（一六二七—九一）や数学・物理学者ニュートン（一六四二—一七二七）と親交を結び、数学・哲学者デカルト（一五九六—一六五〇）やその論敵である物理学・哲学者ガッサンディ（一五九二—一六五五）の書物を読んでいた。本章では、経験論哲学者としてのロックについては割愛するが、その聡明博学な森羅万象の思考の中に、政治思想もあったのである。

またロックは、沈思黙考の思想家だったわけではなく、政治や実務にも関わっている。王政復古期の一六七〇年代には、シャフツベリ伯との縁で通商・植民関係の官職や実業に手を染めているし、名誉革命後の一六九〇年代にも、内外政策のご意見番を務める。この点については、本章第3節で論じることに関わってくる。

病気がちで生涯独身だったロックだが、晩年は穏やかに過ごせたようである。余生を世話してくれたのは、学生時代に親愛の交流があった或る夫人とその一家だったらしい。

2　ロック思想と近代政治

(1) 『統治二論』の社会契約思想

ロックの社会契約の思想を、『統治二論』から確認しておこう。

『二論』のうちの第一論文は、イングランド王政の政治家フィルマー（一五八八—一六五三）の王権神授説に対する批判である。

王権神授説とは文字通り、国王の権力は神から授けられたものだとする説で、フランスなどでも絶対王政を正当化する理論となった。ヨーロッパ史を大きくとらえるならば、王権神授説は中世のローマ教皇権威に対して各国の王権の自立性を主張するものであり、中世的な教会支配から近世的な主権国家形成へと移行させる効力を持つ。しかし、神の名を用いて支配を強弁する理屈であり、国家権力は人民の同意・合意によって成り立つという社会契約説が登場する時代には、当然強く批判される。

次々項で改めて指摘するが、ロックは敬虔なピューリタンであるから、国王のみが神の正統の子孫であるかのような説は認めない。人民に対する国王の父権的な支配を否定し、人間全てが神の被造物として平等であると主張する。

『二論』のうちの第二論文、こちらこそがロック社会契約説の真骨頂である。要約すると次のようになる。人間の本性は、利己的ではなく社会的で理性的なものである。人間は自然状態にあっては、その社会的理性的な本性をもって一応は自由と平等を実現する。自然法は、各人に理性として貫かれており、自由・平等を保つ方向にある。各人の自然権、なかでも特に重要な所有権（生命・自由・財産の所有）は、一応は平和のうちに実現される。自然法と自然権は調和し、平和が保持されるのである。

しかし、自然状態のままでは所有権の保障が欠けている。紛争になったときに裁く法律が、決定する裁判官が、決定を執行する権力が、欠けているのである。そこで人民は社会契約を結び、公共のものに執行と処罰の権力を信託すべきである。ここに人民は、自然状態を脱して、市民社会としての統治を行う。統治は、法律をつくる（つまりは自然法を解釈する、そして自然権の内容を確定する）立法権と、決定を執行する行政権（外交権と司法権を含む）との二権に権力分立して行われる。最高権力は立法権で、行政権はその下に統制されるが、その立法権も、自然法の範囲内にある。

(2)「抵抗権」「革命権」の思想

つまりロックはこう考える。自然権、特に所有権を守り合える平和な状態を望むが、自然法を破ったり身勝手に解釈したりする者が出ても、押しとどめる機構、救済する機構がないと、平和は保障されない。各々の勝手な自力救済は次の紛争を生む。そこで自力救済権は放棄して共通の政治権力を立て、そこに自然法の解釈と執行を信託する。これが社会契約による市民社会である。

こうして公権力が、そのわかりやすい形として国家が、樹立されると考える。今ある国家は、歴史的成立過程はさておき、こうした理屈で成り立っていると認めよう。ならば、この理屈に沿わない国家ならどうすべきか。国王が暴政で国民の所有権を侵害したらどうするか。そこで「抵抗権」「革命権」という思想に行き着く。

公権力（すなわち国家、その為政者）は、人民の信託によってこそ成り立つ。自然権を信託された公権力は、社会契約の一方の当事者として人民に責任を負い、他方の契約当事者である人民の信託に違反すれば当然批判される。

『統治二論』第二論文第一四九節の要所をまとめよう。「立法権が信任に違反したと人民が考えた場合には、立法権を排除または変更できる最高権力が依然として人民に残されている。」つまり、信任・信託に反した為政者を、人民は解任できるのである。

ロックは、王政は全く駄目で議会政府なら完全に良い、とは言わない。人民の信託に応える国王も、議員選出された後で横暴になる議会もありうるのだから。ロックは信託違反の政治的危機を「政府の解体」と呼び（第二一一節以降）、立法権の信託違反、行政権の信託違反に対しては、まずは裁判や選挙で合法的に「抵抗する権利」が人民にあるとする。そして最後の手段として人民は、自然法に一致する政府を作りなおすこと、「天に訴える」（第二四二節）ことができるとする。つまり究極の場合には「革命を起こす権利」もあるとする。抵抗権は人民に常にあるし、革命をしばしば起こせとは言わないが、究極の権利としては革命権もある、というわけだ。

(3) 神の秩序としての自然法、神の子としての自然権

以上がロックの、ホッブズにはなかった「抵抗権」「革命権」を含む社会契約論である。ただし、そもそもの自然法と自然権の成立根拠、そして今述べた「天に訴える」革命の正当性をロックに沿って説明するなら、やはりピューリタンであるロックの「神」に帰着する。「神は死んだ」（一九世紀後半ニーチェの言葉）後の時代に生きている現代人には、社会契約論を神に「紐づけ」されることに戸惑いを覚える人もいるだろうが、ロックにしてみれば、神の存在、神の意志こそが第一の根拠なのである。

まず、ロックはなぜフィルマーの王権神授説を批判するのか。国王のみを神に選ばれた人間とし人民を国王の下僕としたから、ではない。王権神授説が「神を裏切っている」から批判するのだ。王権神授説は国王を、人間から超越させ神格化し、神への義務を果たさなくてよい絶対者としてしまう。そして王権神授説は人民を、神の意志を理解できないほど無力化し、神への義務を果たす主体性を持てない存在としてしまう。フィルマーが神学を逸脱していることが、ロックの批判する最重要点である。「非民主的だから」などと言うのは、神なき現代の我々からの後付けにすぎない。

自然法も、人間がホモサピエンスであり社会的動物であるから先天的に持っている、という話ではない。敬虔な信仰心をもつロックにとっては、自然法は「神の秩序」であり、神が人間たちに配剤した筋道である。自然法の下に人間は理性を持つが、その理性は神の意志を認識するためにある。人間は自然権として、生命および健康な身体を所有し、自由を所有し、財産を所有する権利を持つが、それは生き抜いて自由に労働して財産を扱うことで、神への義務を果たすためである。人間は「神の子」であるからこそ自然権を持つ、ということになる。

以上の理性、自由（むしろ宿命?）、身体所有、労働、財産、等々の議論から何が想起されるか。本書第5章で見た、カルヴァンの予定説と職業召命観である。カルヴィニズムのイングランド版がピューリタニズムであり、ロッ

クの統治論は、「神の作品」である人間が「神の栄光」に仕えることによって正統性を持つのである。ただし、今述べたことは、現代の我々がロックを読むときに「神」をゴールにしなければならない、ということではない。それでも今あえて神の話を述べたのは、現代的尺度から思想史に意義を見出すこともあってよいが、その思想家が「時代と向き合った」現実を理解することも大切だと考えるからである。

(4)　近代政治の開拓、フランス革命、アメリカ独立へ

現代的尺度から、ではなくても、思想史研究者には「向き合った時代」の次の時代も視野に入ってしまう。ロックについて言えば、「一七世紀後半のイングランド」で読み解こうとしながらも、「近代政治の開拓者としてのロック」を思想史に描いてしまう。それは悪いことではない。ロック的自由論は、神なき現代、少なくとも政治哲学においては神をはずして議論する現代に、身体所有の考え方や労働価値の考え方を提供してくれる。現代につながる一八～一九世紀の議会政治や権力機構のあり方に、ロック思想が与えた教訓は大きい。ロックは今日的な意味での民主主義論者ではないが、信託と抵抗権・革命権の考え方は、「主権在民」的な政治哲学の入り口を示している。

一八世紀以降の欧米社会においては、『統治二論』をはじめとするロック思想は知識人たちにすでに知られていた。一七八九年からのフランス革命は、本書次章以降で触れるフランスのフィロゾーフたちの思想の影響を受けているが、その前にロック思想の影響を強く受けている。フランス革命より少し前、一七七五年からのアメリカ独立革命（独立戦争）も、まさに宗主国イングランドに「抵抗」して独立し、アメリカ建国においても人民主権を国是とする「革命」を起こしたのだから、十分にロックを教科書としている。

本章では述べる紙幅がほとんどないが、ロックは『寛容についての手紙』などで宗教的寛容を語っている。所有権として政治的自由を個人に認めてそこには政治権力は介入できない、というのがロックであるから、「魂の救済」

にも政治権力は介入できないことになる。よって宗教・宗派は国家に縛られず、寛容に広く認められるべきだ、となる（そう言いながらカトリックと無神論は許容しないのであるが）。いわば政教分離論であり、この点でもロックは、近代の国家と宗教のあり方に貢献している。

3　所有権思想の評価点と限界点

(1)　ロックの所有権の議論

ロックの「自然権を実現する契約社会」という思想の要諦は、「所有権」にある。ロックにとっては生命（そして健康な身体）も、自由も、財産も、所有するものなのである。ロック研究の専門書では、property（英和辞典だと「財産」）という原語をそのまま「プロパティ」とカタカナ表記し、動産や不動産としての財産のみならず生命も自由も所有権の対象として論じる、という体裁をとっている場合が多い。

そうは言っても、所有権議論で主に念頭に置かれるのは、やはり財産（資産とも呼びうる）である。しかも所有して安定的豊かさを生む財産の代表例は「土地」であり、ロックの時代だとやはり「農地」である。そして、「生命」を維持し、健康な身体、手足を「自由」に創意工夫しながら駆使して、土地を肥沃な農地として開墾することに成功すれば、「所有権」は最も開花する。

大農場主となって豊かに自由に生命を謳歌するのだ、という目標は、当時のイングランドのヨーマン（独立自営農民）を、中産階級市民として革命支持に駆り立てた。しかも「神の意志」にかなう「召命としての職業」だと言われれば、なおさら邁進できる。

要するに、自らの自由な決断と工夫、自己身体の有効活用で荒れた大地を耕し、その労働投下で開墾した農地を

「これは私の所有だ」と宣言することは、正しい権利の主張であり、その権利を保障するために政府はある、ということになる。次に来た人は、先の「私の所有」と重ならないように、その隣の荒れ地を、自由に自己所有の手足を駆使して労働して肥沃な農地とし、「隣のここが私の土地だ」と宣言すれば済むだけの話だ、というわけである。ロックの労働投下による財産（耕作地）所有の論は、マルクスの労働価値説の先駆けだとも評価される。

(2)「ロックのただし書き」と不平等問題

ここで大きな問題に気づく。一人目が労働して農地を所有し、二人目がその隣を農地にして所有するとして、三人目は？　四人目は？　永遠には続かず大地は余白がなくなる。ロックも当然気づいている。拙著『はじめて学ぶ生命・環境倫理』（二〇〇三年）一〇〇頁から引用しよう。「ロックはこう語る――自然状態においては大地は共有だが自己が所有する身体での労働によって耕作地を私有することは認められる、ただし他の者にも十分な量と同質のものが残されている範囲内で――。私たちは今まさにこの「ただし書き」に抵触する環境下にいるのであり、経済行為者もそのことを後回しにはできない、というのが環境倫理の要請なのである。」私なりにまとめてあるが、これが「ロックのただし書き」と呼ばれる部分である。中心となる箇所の原語は enough, and as good で、量的な十分さのみならず質的な良さも同等にあることを意味すると解釈できる。

つまり、「私が開墾した土地だから私の所有だ、と言うのは正しい権利主張だ。ただし早い者勝ちではなく誰にも平等なチャンスがある場合は」ということである。

現代の地球環境は限界に達していて「ロックのただし書き」に明らかに抵触するが、ではロックの時代なら大地に余裕があって自由に労働して農地を私有するチャンスが平等にあったのか。おそらくそうではない。資力も手段も先見の明も必要だ。ロックの言う「自由な労働と所有」は、あの時代ですら「強者の自由」にすぎず、ロックはそれに気づきながらも自由闊達にふるまえる中産階級のみを擁護したのではないのか。のし上がる力のある者の自由は、条件に恵まれない弱者を勤労に欠けるからそうなるのだと言いくるめる作用を持ち、「自由と平等」ではなく「自由ゆえの強者弱者の不平等」を合理化するだけではないのか。

(3) 近世イングランドゆえの限界

本章第1節の最後に、ロックが一六七〇年代には通商・植民関係の官職や実業に手を染め一六九〇年代にも内外政策のご意見番を務めたことを述べた。近年の研究によると（巻末参考文献だと第7章での下川と三浦、第8章での植村の書がそれに当たる）、彼はアメリカ植民政策にかなり加担しており、植民をアメリカ先住民族の土地所有権への侵害とは全く考えない。「非効率な農地」に「文明化した農業労働」を投下することを礼賛する。さらには、当時すでにアフリカ人が奴隷労働者としてアフリカ大陸からアメリカ大陸に送り込まれていたのだが、「奴隷」だから「労働権利者」とは見なさないし、奴隷貿易に投資して利益を得ることさえロックはしていた。いったい彼にとって、自然権を有して公権力設立に参与して所有権を保障してもらえるのは誰なのか。イングランドの、しかも中産階級以上の者だけなのか。

歴史というものは時に残酷だし、それを振り返って記述する者は後々の「答え」を見てから「問題」をさかのぼって読むので、都合のいいことが言える。ロックの言動をアメリカ植民政策と絡めて批判的に読む諸研究は、一九九〇年代にやっと始められたにすぎない。その現代人とて、発展途上国からの収奪や先住諸民族への蹂躙を反省しきれているかはまだ疑わしいというのに。

ともあれ、時代と向き合って王政から議会政治に世を動かしたロックは、それでも時代に制約された先進文明中心主義の一員でもあった。近世イングランドという最先進国にいたロックは、自由主義や人権意識を切り拓いた先駆者であるが、別の側面では時代の中の価値観から自由に抜け出せないという限界も持っていた。

(4)　現代としてのロックの批判的摂取

アメリカ先住民族やアフリカ人奴隷の問題は、ヨーロッパ史とその社会思想史がヨーロッパ中心主義を免れていないことを示すが、そのヨーロッパでさえ同質ではない。イングランドは同じヨーロッパ人が住む隣国アイルランドに対して、優越的支配的であった。クロムウェルは王政派追討を口実にアイルランドを征服したし、ロックはイングランド毛織物工業を発展させるためにアイルランド経済を抑圧する政策に加担した。議会主義者クロムウェルも自由主義者ロックも、自分の国、自分の属する階層が中心にあったのだ。

各時代の開明的な政治家や思想家が、それでも時代被制約的であったことは押さえておくとして、ロックについて、批判点を意識しながらも、近現代への意義を最後に確認しよう。

アメリカに対して、ロックは植民政策加担者だったが、死後半世紀以上たってアメリカが独立革命を起こせたのは、ロックの自由と人権の思想のおかげでもある。ただし、ここで「独立」したのは先住民族ではなく、ヨーロッパ移民とその子孫だったのだが。そしてフランス革命も、その後の近現代の自由主義政治も、労働して所有するという近代市民像も、ロック思想に負う部分は大きい。そしてもちろん、抵抗権・革命権の思想は、為政者を批判する権利、ときにはその首をすげ替える権利が人民の側にあると、今の我々にも信じさせてくれる。

関連人物コラム6　リルバーンとウィンスタンリ――市民革命の急進主義者

ロックはイングランド革命を後付けする理論家であり、革命現場の指導者としてはクロムウェルが挙げられるが、より急進的な指導者としてはジョン・リルバーン（John Lilburne 一六一四―五七）とジェラード・ウィンスタンリ（Gerrard Winstanley 一六〇九―一六〇?）が挙げられる。

ピューリタン革命はクロムウェル率いる独立派（インディペンデンツ）が中心となっていくが、それより左派にいたのがリルバーン率いる水平派（レベラーズ、「平等派」とも）である。ピューリタンの中でも教会長老の権威を重視する長老派（プレスビテリアンズ）とは対立し、各教会の独立性を重視する独立派とは手を結んで、全成年男子による普通平等選挙を訴え、下級兵士や都市下層手工業者の支持を得るが、やがて穏健立憲主義の独立派から弾圧され壊滅する。

さらに左を行くのがウィンスタンリ率いるディガーズ（直訳すれば「耕作者」で、本人たちはトゥルーレベラーズ「真正水平派」と名乗る）である。水平派の訴える政治的平等を超えて、財産差・所有差もなくす経済的社会的平等を訴える。土地は共有、賃労働関係は廃止、と農民的共産主義を主張して農村小作人の支持を得るが、弾圧され一年程度で壊滅する。

レベラーズは、そして特にディガーズは、私有財産を蓄え政治力を持ち始めた新興市民層に支持されず消滅したが、近代民主主義の、そして社会主義の先駆的試みとして、思想史的には意味がある。

第8章

モンテスキューの権力分立論と時代的限界性

1　フランス王政下のモンテスキュー

(1)　ホッブズ、ロック、ルソーの系譜に「割り込む」モンテスキュー

啓蒙思想家の系譜としてホッブズ、ロック、ルソーを語るとき、「人間の自然状態は……。そこで社会契約を結んで……」と説明し「……」に入る言葉で近代民主主義の発展を読み取る、という定番がある。そして時系列的にはロックとルソーの間に来るモンテスキューを「三権分立論者」として挿入する、というのがよくある教科書である。

ここで素直な学習者はこんな疑問を抱く。「モンテスキューでは、自然状態……社会契約……はどう説明されるんだっけ?」と。

回答を先取りすれば、モンテスキューは「自然状態」を想定するが「そこで人民が社会契約を結んで国家を設立する」という論は立てない。モンテスキューは啓蒙思想家ではあるが社会契約論者ではないのだ。本章では、モンテスキューをどんな論者として思想史系譜に挿入するか、彼は時代にどう向き合ったのか、あるいは向き合いきれない部分もあったのか、を見ていく。

(2)　法官貴族としてのモンテスキュー

シャルル＝ルイ・ド・モンテスキュー（Charles-Louis de Montesquieu　一六八九―一七五五）は、フランス南西部ボルドーの近郊に生まれる。一六世紀に先祖が、地方王家に仕え、やがて「不毛の丘＝モンテスキュー」に領地を得て、モンテスキュー男爵の称号を得る。伝統貴族ではなく、新興の地方小貴族の家柄である。一七世紀になって祖父が、ボルドー高等法院長官の職を「買った」。当時は「売官制」があったのだ。後年、モンテスキュー自身も高等法院

長官の職を得ることになる。元は平民だが「法官貴族」という新興市民層にある、というのが彼の立ち位置である。モンテスキューは、ボルドー大学で法律を学び弁護士となって、二〇歳代前半には法律研究のためパリに四年間滞在する。上流社交界にも出入りするが、「成り上がり小貴族の田舎者」扱いされて肩身は狭かった。だが、そこで培われた批判精神が後に、パリ人たちの「おかしさ」を風刺する『ペルシア人の手紙』に結実する。父の死でボルドーに戻り、領地主家長の地位と高等法院評議官の職を受け継ぐ。二六歳で地元の風習に従って同じ新興小貴族の娘と結婚し、後に三人の子をもうける。二七歳のときに伯父が死に、高等法院長官（厳密には第一長官に次ぐ複数の副長官の一人）の職も相続する。領地も職位も男爵の名誉も相続したモンテスキューは、ブドウ栽培で経済成長の著しいボルドー市に新しく設けられたボルドー・アカデミーの会員にも推挙され、新興中産階級の代表的教養人となっていく。

そもそも高等法院とは、フランス王国支配（後にアンシャンレジーム＝旧体制と呼ばれて批判の的となる）を行き渡らせるための、十余りの地方ごとに置かれた司法機関である。法院の第一長官は国王の任命だが、売官制もあって副長官や評議官には地方の名士たちが就く。ここに「市民階級」が育つ余地が生まれる。王政を支える地方機関ではあるが、国王の専制にはチェック・アンド・バランスを果たす……少なくともモンテスキューにはそんな意識があったようだ。

(3) 思想家としてのモンテスキュー

モンテスキューの三大著作は、『ペルシア人の手紙』『ローマ盛衰原因論』『法の精神』である。『ペルシア人の手紙』は最初一七二一年には匿名で出されたが、好評を博し、著者名が明らかになると彼はパリ社交界の寵児となり、一七二八年にはアカデミー・フランセーズの会員にも選出される。

元来モンテスキューは、法学よりも文学に興味が深く、自然科学にも造詣が深かった。法の実務より学問的関心のほうに気持ちが傾いたのか、高等法院の官職は一七二六年に辞し、アカデミー・フランセーズ会員になった直後から諸国遍歴の旅に出る。もっとも、旅先から「外交に奉仕したい」という手紙も書いており、学究志向だけでもなかったようだが。

一七二八年四月にまずはオーストリアのウィーン、それからイタリア諸都市を年をまたいで巡り、ドイツを北上して二九年一一月にはイングランドのロンドンに入り、フランスのボルドーに戻ったのは三一年五月。『ヨーロッパ旅行記』を書いているが、発表は彼の死後、孫の手によってである。

彼の思想形成にはロンドン生活が寄与した。当時のイングランドは名誉革命を経て、王はいても立憲主義の下で議会政治が行われていた。選挙で下院の多数派を占めたウイッグ党が内閣を組織し、ウォルポール政権（在位一七二一―四二）が金権問題をはらみながらも一応の円熟期を迎えていた。モンテスキューは、『ペルシア人の手紙』を書いたころすでにホッブズやロックを読んでいたようだし、この一七二九―三一年のロンドン滞在でイングランド政治も目撃している。フランス思想史では「イングランドの発見者」とされる。

文学や歴史学にも通じていたモンテスキューは、一七三四年に『ローマ盛衰原因論』を発刊する。この古代政治史研究をいわば序章として、大著『法の精神』が発刊されるのが一七四八年のことである。

2　三大著作と近代的政体

(1)　『ペルシア人の手紙』におけるヨーロッパ社会批判

一七二一年にまずは匿名（何かを恐れてというより当時の文学発表によくあるポーズだった）で発刊した『ペルシア人の

手紙』は、思想書ではなく書簡文学である。ペルシア人がヨーロッパ、特にパリを旅しての印象を手紙に書き綴っている。合理主義の精神をもってヨーロッパ社会を風刺し、「フランス人の常識のおかしさ」を語っている。

手紙は、後年に追加されたものも含めて「第一の手紙」から「第一六〇の手紙」まである。主にはユスベクとリカというペルシア人が差出人となり、例えば第一の手紙は「ユスベクより、イスパハンにいるその友リュスタンへ」で始まっているし、第二四の手紙は「リカより、スミルナにいるイバンへ」である。イスパハンはユスベクとリカが出発したペルシアの町で、今のイラン中央部にあたる。スミルナは旅の中継地で、トルコ西端の地中海沿いにあたる。何人かの登場人物の間で手紙が交わされており、第三三の手紙は「ユスベクより、ヴェネツィアにいるレディへ」であるし、第一六〇の手紙は「ロクサーヌより、パリにいるユスベクへ」である。

中身の例を挙げよう。第一の手紙では、「叡知を求める旅に出たリカと僕ユスベク」と自称する。第二四の手紙では、「フランス王は富を臣民の虚栄心から引き出している」と皮肉る。第二六の手紙では、「ロクサーヌよ、お前はなんと幸せか。羞恥も徳行もない毒されたパリの地にいないとは」と風刺する。第二九の手紙では、「キリストの王国ほど内乱の多い国はない。新しい命題を世に問う人は異端者呼ばわりされる」と書き、第三三の手紙では、「パリの葡萄酒は、君主たちを人間性そのものから落としている」と書く。

これらのように、ヨーロッパ人、特にパリ人のおかしさを浮き彫りにし、フランス王政への批判を暗に語るのである。

(2)『ローマ盛衰原因論』における歴史批評

紀元前五世紀ころからカエサルが活躍した紀元前一世紀までの共和政ローマ、その後の五賢帝時代を頂点とする約四〇〇年間の帝政ローマ、この時代はマキアヴェリなどヨーロッパ教養人の関心の的で、モンテスキューも関心を寄せた。

共和政時代は民主的で理想の繁栄、帝政時代になると専制的になって瓦解、という単純な話ではない。護民官など平民の意見を吸い上げる制度を備えた共和政ローマとはいえ、所詮は貴族と上層市民だけのコミュニティであったし、元首政を経て帝政に移行してからも、暴君ネロ時代と軍人皇帝時代の間、五人の賢帝が続いた時代は、パックスロマーナ（ローマの平和）安定期であった。では、何をもってローマは栄え何をもって滅びたか、これがローマ盛衰問題である。

一七三四年、やはり匿名で発刊した『ローマ盛衰原因論』で彼はこう考える。隆盛期には、上層階級だけとはいえ市民的徳性を政治に反映させる気風があり、共和政時代の元老院の指導者も、帝政時代の哲人皇帝も、その気風を背負って国力を広げた。ところが、さらに国力を広げ領土を拡大するとなると、徳性の伝播と言いながらも実際には軍事的支配となり、ローマから遠い支配地の軍団は徳のない圧政勢力となって精神的にも荒廃し、帝国は衰退に向かった。要は、勢力版図が大きくなりすぎた国は理想よりも利害で動いてしまい、徳を失う衆愚政治に陥ってしまう、ということである。私なりに強引にまとめると以上のようになる。

モンテスキューは、ローマ史研究から何を学び、語ろうとしたのか。私の解釈はこうだ。彼の中心課題は、目の前のヨーロッパ近世にある。彼はイングランド革命の翌朝、フランス革命の前夜にいる。自分の時代にふさわしい市民的徳性を追求し、自分たちが今できる範囲で最善の政体をつくることこそが、時代と向き合う使命だ。ホッブズもロックも読み、イングランドという歴史実験地も現地見学してきた。目の前にあるフランス王政を消去することはできなくても、専制を抑制して、古代ローマの護民官や元老院ではない今風の議会権力を樹立すること、この目標を見極めるための歴史批評が『ローマ盛衰原因論』である。

(3) 『法の精神』における「自然状態」と「法」

さて、三大著作のうちでも二〇年がかりの主著、一七四八年刊行の『法の精神』である。要所を三点に分けて述べる。第一点は、本章冒頭で記した「自然状態は語るが社会契約論にはしない」について。第二点は、ローマ史研究などを踏まえて人類史に三つの政体を見て評価していくことについて。第三点は、ホッブズやロックの研究とイングランド革命後の観察を踏まえて近代政治に権力の均衡を求めることについて。まずは第一点から。

自然状態から話を始めるとき、ホッブズなら「自己保存のため万人の万人に対する闘争。よって社会契約」と言うし、ロックなら「理性によってある程度は自由と平等。しかし所有権が保障されないから社会契約」と言う。さてモンテスキューは、自然状態の人間に「自然的弱さ」を見る。自己に劣弱感を持ち相互に恐怖感を持つから、容易に相互に結合し社会生活を成り立たせる、と見る。社会契約という飛躍的解決に訴えなくても、平和は第一の自然法として存在するのである。弱き者どうしの平和である。

モンテスキューはこう論を立てる。自然状態＝平和な自然法の浸透だけで現世がうまく行くわけではない。自然法は神の秩序として与えられてはいるが、現実の人間は利己心の発動によって相互破滅的にもなりうる。平和を確実にするための努力は必要で、同じく自己保存を要求し同じく援助も必要とする人民は、正義と適正の共通観念を持たねばならない。そこで、神の意志である法にのっとって現世に適正な制定法を設けよう、というのが「法の精神」である。

彼は「法とは、事物の本性から生じる必然的関係である」とも述べる。制定法を設けるということは、社会契約という特別な操作を経ることではなく、自然的条件や生活習慣から生まれる国民の精神を表現することなのである。

(4)『法の精神』における三政体論

では、人類史は制定法をもってどんな政体を持ちえたか。政体の「本性」と「原理」によって三つの政体に分類できる、とモンテスキューは語る。

第一に「共和政」。この内部に「貴族政」と「民主政」の小分類もして、前者は人民の「一部」が主権を持ち後者は人民「全体」が主権を持つ、というのがその本性である。共和国全体の利益を考える公共性を徳とし、この「徳」が原理とされる。

第二に「君主政」。「一人の君主」が主権を持つ、というのがその本性であるが、統治は君主の勝手ではなく法によってなされる。君主の勝手を許さない中間権力として貴族の存在を想定している。君主において「名誉」を受けることが原理とされる。

第三に「専制政」。「一人の専制者」が法に縛られない主権を持つ、というのがその本性である。民衆を「恐怖」で支配することがその原理とされる。

ここまで聞くとこう予想したくなる。共和政、特に民主政が最善。君主政は野心的な名誉が目障りだが法に従うならギリギリ許容。専制政は最悪。ところがモンテスキューはこの予想を裏切る。たしかに共和政の中の民主政は理想だが、昔の小規模な都市国家でしか通用しない。君主政は、古典的な名誉志向でなく近代の商業的な利益を社会秩序とうまくつなげられれば、むしろ現実的理想であり、今日的な中規模国家にふさわしい。専制政は、やはり批判されるべきで、大規模国家、例えばアジアの帝国にありがちである。これがモンテスキューの見立てである。

ここでモンテスキューの胸にあったのは、現ブルボン王朝フランスが君主政でなく専制政に傾いていることへの懸念であった。彼は共和政の中の貴族政をある程度認めるし、君主政を中間権力たる貴族が役割を果たすという条件で大いに認める。しかも伝統貴族よりも自身の所属階層である新興の法官貴族が中間権力だ、君主と民衆の間に立つ仲介権力だ、と考える。その背後にあったのは、国王と議会が両立するイングランドを現地見学した経験だったのだろう。王政廃止までは考えず、ある種の立憲君主制を現実的理想と考えたようだ。

(5) 『法の精神』における権力分立論

それでは、『法の精神』から現代の我々が学ぶ最大の目玉とされる「権力分立論」を見出してみよう。先ほどまでにたどり着いた議論を生かして話をシンプルに進めればこうなる。

国家には三種類の権力、「立法権」と「執行権」と「裁判権」がある。君主に政治の「執行権」を認めよう。しかし暴君化して専制政になってはいけないので、「立法権」は議会などの中間権力に分け持たせよう。「裁判権」も別の者、例えば高等法院に君主からの独立性を高めたうえで分け持たせよう。

このように三つの権力を分立させて、権力が権力を抑制するようにするのが近代政治である。これを現代民主主義に移せば、「立法」「行政」「司法」を相互に独立した機関に担わせるべきという、「三権分立」の論となる。モンテスキューはこうして、現代の三権分立論の生みの親と評価される。

こう述べたものの、彼の書を丁寧に検討すると、「分立」という論は後世の思想史研究が積み上げてきた「モンテスキュー神話」なのではないか、という面も見えてくる。彼は政治権力が一元化して乱用されることを危惧して、権力の「均衡」や「抑制」は訴えているが、完全な「分立」までは言っていない。君主は執行権に限定されず立法にも参加すべきだと言っているし、そうしないと立法府（貴族あるいは平民代表による議会）のほうが専制的になるとまで言っている。また、立法府には法律執行を検査する権利があるとも言い、立法府が裁判権を握る場合があるとも言う。三つの機関が三つの権力を分けて、相互に独立して牽制し合え、と主張しているわけではない。

どうやら、モンテスキューは権力「分立」論者ではなく権力「均衡」論者だ、と見なしたほうが正確かもしれない。

3　モンテスキュー思想の評価点と限界点

(1)　三政体論の今日的評価

現代の我々には、共和政の中に貴族政も含めるのは違和感があるし、民主政を「小規模でないと無理。衆愚政治になる」と限定的評価にとどめるのは抵抗感がある。貴族政や、貴族を中間権力（仲介権力）とする君主政を高く評価することにも首肯しにくい。むしろ、共和政をイコール民主政と見てその中身を考えよう、というのが現代人感覚であろうし、君主政こそイコール専制政になりやすいし貴族政は貴族という身分も含めて認められない、というイメージを我々は持つ。

ただ、それなら民主政は現代にどう生かせるのか、人口一億の大規模国家での代議制民主主義は本当に民主政と言えるのか、という問いは改めて浮上してくる。モンテスキューは、共和政の原理を「徳」であるとし、そこにある種の「公共精神」を見出そうとしたが、今日の民主主義は個人尊重と公共的倫理とを適切に両立して体現しているか。今日では貴族は存在せず貴族政もありえないが、大衆の政治参加意識が希薄となり代議士や専門家集団に政治を丸投げするのなら、それは悪しき貴族政と同じではないか。あるいは、適切な「仲介権力」を我々は育てることができるのか。

モンテスキューの政体の議論に学ぶことは、まだありそうである。

(2)　権力分立論と今日の三権分立

モンテスキューによると、権力は「分立」しなければならないというより分有して「均衡」を図らねばならないということらしい。彼の時代とは目の前にある政治体制が違うから、そのまま現代に移して語ることはできない。それでも今日の我々は、モンテスキューを「元祖」とする「三権分立」を、民主主義には当然あるものだと思いがちだ。権力は「分立」できていて、チェック・アンド・バランスの政治は実行されていると思いがちだ。

しかし、現実はどうか。選挙で与野党の議席数が確定すれば、立法府でどんな法案が通るかは予想がついてしまう。政権与党の法案が通って与党内閣が執行するのみである。野党からあるいは政党横断的グループからの議員立法が成功して、内閣がそれに押されて政策を変更する、という場面は滅多にない。司法は独立していると言われるが、高等裁判所、最高裁判所と上がるほど政権与党寄りの判決が出されやすい。地方裁判所で原発反対運動に与する判決を書いた裁判官が翌年には家庭裁判所に回される、という事例もある。立法と行政と司法は本当に「分立」しているのだろうか。

この点も、モンテスキューの権力分立論あるいは権力均衡論に学び直したい。

(3) 近世フランス市民、ヨーロッパ人としての限界

前章で、ロックは抵抗権・革命権の前衛的思想家でありながら、アメリカ植民政策、アフリカ人奴隷貿易という問題局面では違う顔を見せていた、と指摘した。実はモンテスキューにおいても、同様のことを指摘せねばならない。

巻末参考文献リストに挙げた『ヘーゲルとハイチ』（邦訳書二〇一七年）はこう問いかける。近代思想を総括するドイツ哲学者で「人権」にも敏感だったヘーゲルは、ハイチ革命（一七九一―一八〇四年、カリブ海のフランス植民地の島ハイチで、アフリカから連行された奴隷労働者たちが独立運動を起こし、史上初の自由黒人共和国を樹立した）を同時代ニュースとして知っていたはずだが、それは彼の著作や講義に正しく反映されたか、と。そしてヘーゲルよりほんの数世代

前のホッブズやロックやモンテスキューやルソーは、国内の底辺労働者や海外植民地の先住民と奴隷労働者の「権利」を、どれだけ尊重できていたか、と。

モンテスキューについて言えば、やはり残念ながら否定的評価を下さねばならない。彼は奴隷制度一般を批判的に検討するが、例えば『法の精神』第一五編第五章「黒人奴隷制について」では、アフリカ大陸からアメリカ大陸あるいはカリブ海諸島に連行した労働者に、人権的配慮を考えない言説を放つ。「連中は足の先から頭まで真っ黒……同情不可能なほどぺしゃんこな鼻……神がこんな真っ黒な肉体に魂を宿らせたという考えに同調することはできない……人間であると想定することは不可能……」といった具合である。

近世フランス中産階級市民として、ヨーロッパ白人として、限界づけられた思想家であったことは否めない。「時代と向き合った」はずの思想家たちには、「向き合えなかった」側面も、残念ながらある。

(4) 現代の研究者としての自省

さて、モンテスキューにはロック同様に時代的限界性がある、ということを指摘したわけだが、そう指摘する私を含む現代の思想史研究者はどう自省すべきか。ありていに言えば、我々は彼らの限界を指摘できるほど偉いのか、という問題が残る。

上述のような啓蒙思想家自身の「蒙昧さ」を批判的に研究する試みは、つい最近、二〇世紀終盤に始まったに過ぎない。近世思想史は数百年研究されてきたし、日本でも明治以来の蓄積があるのに、である。日本国内でなら、ロックについては第7章参考文献に挙げた三浦の書が一九九七年、下川の書が二〇〇〇年の発刊である。モンテスキューについては第8章参考文献に挙げた植村の書が二〇一九年である。私より年上の研究者たちだが、私と年齢差が大きいわけではない。私も気づくのが遅かったと言わねばならない。

さらに言うと、『ヘーゲルとハイチ』の著者バック＝モースは、スーザンというファーストネームから察しがつくように女性である。思想史の世界も男性優位社会で何らかの差別的部分を放置してきたのかもしれず、女性研究者の斬り込みがなければ覚醒できなかったのかもしれない。

歴史を研究する意義は、そこに人間のオモテとウラを発見して現代の我々が自省する目を養うことにある。ロックやモンテスキューに「時代に向き合いきれない」側面があったとしたら、現代の私たちはどうだろうか。そこも問われる。

関連人物コラム7　ヴォルテール——ヨーロッパ一八世紀自由主義の象徴

モンテスキューと同世代のフランス人啓蒙思想家に、ヴォルテール（Voltaire 一六九四—一七七八）がいる。これは筆名で、本名はフランソワ＝マリー・アルエ（Francois-Marie Arouet）。パリのブルジョワ家庭で、教養ある文化人と交流して育った。二二歳の時には政府を風刺する詩を書いて、かのバスティーユ牢獄に一年近く投獄された。三一歳から二年余りのイングランド滞在で自由主義的空気に大きな影響を受け、代表作『哲学書簡』ではイングランドの諸制度の優位性を語った。

一八世紀は「ヴォルテールの世紀」と呼ばれることがあり、彼の哲学、小説、戯曲にはフランス絶対王政への批判精神が広く表れている。人間理性を信頼し自由を信奉する態度、カトリック教会の腐敗を告発する活動は、理神論（理性信仰）を形成していく。彼の自由主義を象徴する名セリフとして、「私はあなたの意見には反対だ、だがあなたがそれを主張する権利は命をかけて守る」が挙げられるが、実は彼の文書にこのセリフは残っていない。

第9章

ルソーの人民主権論の理想と現実

1　数奇な人生、矛盾と苦悩のルソー

(1)　ルソーに魅せられる人々

「むすんで　ひらいて　手を打って　むすんで　またひらいて……」という愛唱歌「むすんでひらいて」が、ジャン＝ジャック・ルソー（Jean-Jacques Rousseau 一七一二―七八）作曲のオペラ『村の占い師』の一部を原曲とすることは、ルソー「ファン」の人々には有名なエピソードである。音楽家として大成したわけではないが、ルソーの生涯に細々とでも生活費をもたらし続けたのは、楽曲を譜面にきれいに書き写すという仕事であった。

ルソーは論壇で名を挙げたといっても、大学教授になったわけではない。小説『新エロイーズ』は売れたが、最初の「買い取り価格」のみで年々印税が入ったわけではない。『告白』に至っては死後の発刊である。金銭的には恵まれない生涯であったし、彼の性格と行動のせいでもあろうが人間関係にも恵まれたとは言えない。ただ、肖像を見て想像がつくが、女性にはもてたらしい。

ルソーの作品や人生に魅せられる人は多い。『新エロイーズ』をロマン主義文学の先駆けと評価する人、自伝的小説『告白』、晩年に心を病みながら書いた『対話、ルソーはジャン＝ジャックを裁く』、未完の絶筆『孤独な散歩者の夢想』に、人間らしい苦悩を見て共感する人はいる。だがその人生の浮沈、愛憎の激しさには戸惑いを覚える人も多い。『エミール』の教育哲学（「自己愛」と「憐憫」、少年期までは自分の感性を育て、青年期からは周りの人と共に生きることを訴える）には心惹かれる。だが我が子五人を孤児院送りにしたという事実を知ると矛盾を感じる。『社会契約論』に結実する思想には民主主義の理想を見て取る。だが「一般意思」の理念の現実化には悩ませられる。「ファン」にとっても、魅力を感じながらも全肯定できない人物、それがルソーなのだ。

ルソー心酔者は日本にも昔からいる。『社会契約論』の一部が『民約論』の名で服部徳らによって翻訳されたのが一八七七年、「東洋のルソー」と呼ばれる中江兆民が『民約訳解』として出したのが一八八二年である。服部らの抄訳は「書き下し文」だが中江の訳は「漢文」である。近世ヨーロッパ教養人が文章は古代ローマのラテン語で書いたように、江戸期と明治初期の日本人にも漢文で書く知識人は多かった。なお中江兆民は、本名は中江篤介で、ルソーの「万民のための思想」に感動して「万の民より億の民、兆の民」と念じて「兆民」と号したらしい。

さて、エピソードに事欠かないルソーだが、本書の一章としては、彼の全てを論じることはできない。『学問芸術論』『人間不平等起源論』『社会契約論』に基づく社会思想家としてのルソーに限定して、時代に向き合いながらも矛盾と苦悩を抱え続けた思想を考察する。

(2) 少年期、青年期の経験

一七一二年にルソーはジュネーブに生まれる（この少し前、一七〇七年にイングランド王国とスコットランド王国は合併してグレートブリテン王国となり、我々が知る「イギリス」の前身ができる）。かのカルヴァン神権政治の共和国である。ルソー自身も、「ジュネーブ市民」を自称し誇りとしていく。

生まれてすぐ母は死に、時計職人の父に育てられる。「市民」としてまずまずの職人階級である。ヴァイオリンを弾きダンス教師もしていた父は、幼いルソーに恋愛小説を読み聞かせるなど変わった教育を施したが、ルソーの音楽や文学の資質に多少は影響したかもしれない。ルソーが一〇歳のとき父は、ある貴族と喧嘩し剣を抜いたことで、ジュネーブを出ていく。その後ルソーは、親戚宅そして牧師宅に預けられるが不当な咎めを受けることもあり、さらには時計彫刻師の下の徒弟生活で虐待されることもあって、一六歳でジュネーブを脱走する。

放浪生活のルソーを救ったのは、ジュネーブに近いフランス東端のサヴォア県にいたヴァラン夫人である。ルソーより一四歳上で一〇年間ルソーを庇護した彼女は、近年の研究によると野心家で浪費家で恋多き女とのことだが、ルソーにとっては女神であり良き教育者であり、そして最初の愛人であった。

ヴァラン夫人との縁もあって教養を積み市民階級サロンに出入りするようになったルソーは、三〇歳でパリに出て、まずは音楽理論家として、次にオペラ作曲家として、いくらか名を挙げる。貴族サロンにも出入りし、ディドロ、ダランベールなどの哲学者とも親交を結ぶ。一時期、外交大使の秘書としてヴェネチアに行ったが、辞めてパリに戻り、オペラの作曲や改作で生計を立てる。

三三歳のとき、一〇歳下のテレーズと恋仲となり、翌年第一子が生まれるが孤児院に送る。その後も第五子まで全て孤児院送りとする。当時のパリ社会において孤児院送りとなる子は珍しくなかったが、やはりルソーにとっては後年の苦悩の種となる。テレーズが身分の高くない家柄にあり出世野望のあるルソーにはかりそめの仲のつもりだったこと、彼女の親族の面倒までさせられたこともあって、結婚はせず年月を重ねる。離れて暮らし他の貴族夫人と恋愛関係になる時期もあったが、最終的に五六歳になってルソーは、テレーズと正式に結婚する。

(3)　論壇デビューとその後の人生の浮沈

三〇歳代、音楽と劇と詩で多少の地位を得ていたルソーだが、思想家・理論家として世に認められたのは三八歳のとき、『学問芸術論』においてである。フランス中東部の都市ディジョンのアカデミーが懸賞論文の設題を「学問と芸術の復興は習俗の純化に寄与したか」と掲げ、ルソーはこれを見て深いインスピレーションを感じる。ルソーの回答は「否」、それもちょっとおしゃれな文明批評ではなく全面否定である。「寄与など全くなく、むしろ道徳を腐敗させた」と答えたのである。この設題者たちの予想を超えるほどの、粗野だが直截的な否定回答論文に、アカデミーは「当選」で応える。この『学問芸術論』はディドロの尽力もあって刊行され、フランスのみならず近隣諸国の知識人たちにも反響を呼ぶ。こうして凡庸な音楽家ルソーは稀代の思想家となり、反響とその後の論争の中で自身の哲学的直観を深めていく。

社会思想家としての第二作は四二歳のときの『人間不平等起源論』である。やはりディジョンのアカデミー懸賞論文で、「人々の不平等の起源は何か。それは自然法で正当化されるか」との設題に、「権利と言い出したときが不平等の始まり」と徹底的な自然賛美＝法社会批判で回答する。今回は「落選」だったのだが、すでにルソー論文は当選せずとも注目されるステイタスにあったし、ルソーも当選狙いでない本音だけの勝負に打って出たようだ。強烈な自然賛美は反論を多く含むセンセーションを呼び、論壇の重鎮となっていたヴォルテールも「あなたの本を読むと四つ足で歩きたくなる」と皮肉るほどとなる。ヴォルテールとはこのころまでは「皮肉」程度にとどまる論争仲間だが、その後は互いの作品を痛烈に批判する仇敵となっていく。同年にディドロとダランベールが編集する『百科全書』に一作を寄稿し、これが『政治経済論』という小論となる。なお、ディドロやダランベールともこの直後あたりから批判し合うようになり、ルソーは仲間よりも敵を増やしていく。

さて『社会契約論』であるが、執筆開始は『新エロイーズ』を書き終えた四六歳ころ、脱稿は『エミール』完成と同時期の四八歳ころである。『社会契約論』も『エミール』も五〇歳のときに刊行されるが、二書ともキリスト教関係者から危険視され、逮捕状が出されたりする。逃亡や隠遁の生活が始まり、心を病み始める。

五二歳のときには、ヴォルテールから「五人の孤児院送り」を世に暴露されてさらに追いつめられる。五四歳のとき、イギリス（イングランドでなくスコットランドの出身）の哲学者ヒューム（一七一一―一七六）がイギリスに呼び寄せて年金受給まで整えてくれたのに、その好意を裏切ってフランスに帰ってしまう。誰もが敵だ、自分に陰謀をしかけている、と妄想したらしい。

六六歳で尿毒症によって死ぬまでの一〇年間、ルソーは友人たちの庇護を受けながらも妄想に苦しみ、楽譜写しの仕事を細々と続けながら、主としてパリで暮らす。この辛い年月に、『告白』『対話、ルソーはジャン＝ジャックを裁く』『孤独な散歩者の夢想』という晩年の自己省察三部作が書かれるのである。

2　社会思想家としての著作

(1)　『学問芸術論』における文明文化批判

社会思想家としてのルソーを見るとき、まずは『学問芸術論』に着目したい。「学問と芸術の復興は習俗の純化に寄与したか」との問いに「否。寄与どころか腐敗させた」と答えた論文である。学問芸術は根源的自由を抑圧し人々に奴隷状態を好むようにさせた、ルネサンス以降人々は洗練されたが本来の徳は失われ習俗は堕落した、というのが結論である。

『学問芸術論』は第一部と第二部から成る。第一部ではこう語る。自分は学問芸術を不当に攻撃するつもりはなく、徳を弁護したいのだ。今は一見華やかな文化・学芸とはうらはらに、忌まわしい悪徳がはびこっている。人々は文明人と自称するが徳を身につけずに徳の外観を身につけたのだ。まやかしの画一性、洗練された不摂生があるにすぎず、人々の魂は学芸が前進するにしたがって腐敗したのだ。

第二部ではこう語る。文明にまだ毒されない古代には、人々は素朴に、自然の手によってのみよそおわれた美しい岸辺を楽しんでいた。だが生活の便宜が増し贅沢が広がると、真の勇気と徳は衰えた。これも学問と芸術の仕業である。魂の崇高な知である徳は、万人の心に刻み込まれているはずで、自省して情念をしずめて良心の声に耳を傾けるだけで十分なはずであり、ここにこそ真の哲学がある。

アカデミーの設題が「習俗の純化」であるから、設題者たちも「学問芸術が装飾品のようになると退廃を招く」

という程度の文明批評論文は期待していただろう。その「批評の型」には乗っかりながら「期待を超える」荒々しい斬り込みが、当選につながったのだろう。啓蒙主義のある種の円熟期にあって、ルソー論文は評判となる。文明文化の蓄積を全否定するような大上段の逆説は、当時の教養人たちにも時代に向き合う意識を呼び覚ましたかもしれない。

(2) 『人間不平等起源論』における人間自然と法社会

『人間不平等起源論』は、『学問芸術論』以上にルソーらしさが研ぎ澄まされている。「不平等の起源は?」との問いに「道徳的政治的不平等の起源は、権利なるものが現れ、自然が法律に服従させられた時期にある」と答えた論文である。そして、「それは自然法で正当化されるか」と問われれば、「本来の自然法なら正当化できない不平等を是認する最近の自然法学こそ批判されるべき」と答える。

『人間不平等起源論』も第一部と第二部から成るが、その二つの部に入る直前の本論冒頭でこう語る。哲学者たちは自然状態にさかのぼって検討しようとしたがそこに到達せず、自分たちが社会の中で得た観念を自然状態の中に持ち込んだ。そして第一部でこう続ける。文明に毒されていない野生人の本性は、一つには「自己愛」である。これは、社会状態での奪い合いの「利己心」とは違って、純粋な自然状態での生物的な自己防衛本能である。そして本性のもう一つは「憐憫」である。これも、社会状態での「社交」としての気遣いとは違って、自己防衛過程で遭遇する同胞の苦しみに感じる純粋な同情心である。

第二部ではこう語る。ある土地に囲いをして「自分のもの」と言う者が出てきたときが政治社会の始まりである。本来、産物は万人のものであり、土地は誰のものでもないのに。ここに不平等が始まり、所有権が自然法の名を語って政治国家の正義とされてしまう。また、人々が本性に従って自由に善良に互いに独立して働いていればよかったのに、私有と労働の制度によって収穫とともに奴隷状態が生まれた。「冶金と農業」の文明段階になると、農耕器具と農業労働者を活用する支配が正義の規則となり、不平等は大きくなった。

このようにルソーは、道具・技術と私有財産制度で貧富差が生まれたこと、政治社会と法律がそれを固定化したことを、批判的に論じた。一方で、人間の自然状態、人間の本性的自然を「自己愛と憐憫」の素朴な自足の世界だと仮想し、他方で、土地所有に始まる不平等が農耕の技術化・組織化と法社会によって正当化されることを問題視したのである。

(3)『社会契約論』における人民主権論

さて、『社会契約論』（正確には『社会契約、あるいは国法の諸原理』）である。諸先行研究ですでに語られているし、丁寧に書こうとすれば多くの行数になって焦点がぼやけてしまう。ここは多少強引にでも、ルソーの主張を私なりになるべく短くまとめてしまおう。ルソーなりの「自然状態」の見方から「社会契約」の理論、そして「人民主権」という結論までを、五つの段階に分けてまとめる。

第一段階。『人間不平等起源論』でも言ってきたように、自然状態の人間は無垢・純真・善良で、自由かつ平等に共生していた。文明社会がそれを壊した。かといって原始的な自然に人間が帰れるわけではない。そこで人間本性を生かせるような、本来の自由と平等を取り戻せるような政治社会を、「社会契約」として構想しよう。

第二段階。自然状態に帰れない以上は、自由と生存のために多数者が協力する必要がある。人民各々が互いに「結合」しながらなおも「自由」であるために、社会契約を結ぶのである。人民全員が共同体に自己を没入させ一体化させ、そこで権利も全面的に譲渡するのである。そうすれば、共同体の意志がすなわち自分の意志となり、各人の完全なる協力と結合がすなわち各人の完全なる自由となる。

第三段階。この社会契約では、「自由かつ共同」が本質となっている。その本質を保障する鍵概念が「一般意志」である。一般意志は、人民の共通の利益を心がけて反映するもので、これが示されれば共同体の全員がその指導下に入る。注意点は、一般意志は「全体意志」とは別物だということ。全体意志は、各人が私的利益のために持つ「特殊意志」の総和にすぎない。それと違って一般意志は、私的ではない「共通の公共の利益」をまとめ上げたものだ。

第四段階。一般意志は主権者たる人民の意志である。一般意志である以上は常に正しい。ここにある主権は、他人に譲渡されることはない。人民全員が主権者であり、一般意志参与者だ。こうしてできる人民主権の政治体制は、何とも置き換えられない絶対的なものである。

第五段階。この人民主権を実現する政治体制としては、権力分立的な立憲君主政はふさわしくない。人民の上に立つ権力者を認めることになるからだ。また、代議制の議会民主政でも不十分である。代議士を選挙する瞬間には人民に主権があるが、選挙が終われば主権が奪われるも同然だからだ。直接民主政こそ人民主権の理想である。

(4) 一般意志論と人民主権論への検討事項

『社会契約論』の要点をまとめると以上のようになる。そして次の点を検討したくなる。

第一点。社会契約は、自然状態にあった自由と平等を実現するためなのか。自然状態の中身に疑問の余地はあるし、ましてや「取り戻す」のでなく現実的につくるのが「社会」契約なのではないのか。自由も平等も社会的に「構成する」と言ったほうがよいのではないか。

第二点。「没入」「一体化」「権利全面譲渡」と言われると、全てを共同体に吸い上げられる観がある。権利は個人の側にあるもので、「譲渡」でなくせいぜい「委託」にとどまるのではないか。この共同体に、自分の意志、自分の自由は本当に存在しているのか。

第三点。特殊意志の総和とされる全体意志とは「質が違う」一般意志などあるのか。全員の共通利益は見つけにくいし、公共精神のようなものに皆が目覚めるとは思えない。いっそ特殊意志の集積あるいは平均値で方針が決まると言ったほうがわかりやすいのではないか。

第四点。意志はときにはぼやける。くじける。間違う。そして修正される。「一般」意志と名づければ「常に正しい」のか。「主権者」は、主権を譲渡せず維持できるほど強くいられるのか。人民主権は「絶対的」と呼べるほど安定的ではないのが現実なのではないか。

第五点。直接民主政は、ルソーも認める通り、古代ギリシア都市国家のような小規模政体でないと不可能だろう。ルソーが生まれ育ったジュネーブ共和国でさえ、市民全員討議で市政を決めていたわけではない。代議制は受け入れざるを得ないではないか。

はたしてルソーは、どこまで本気だったのか。実際にいくらかはやれると思っていたのか。あるいは、理想と現実は違うが理想を掲げ続けることに意味がある、という思いだったのか。

3　ルソー思想の魅力と混沌

(1)　自然状態と社会契約への評価

ルソーは「孤独な夢想者」ではあるが、その着眼は我々に目を開かせるところがある。

まず「自然状態」の見立てが、ルソー独特である。純真無垢で良き自己愛を持ち憐憫の情も持つから共生できているという、いささか牧歌的な「自然な人間の像」を彼は語る。それは少年の甘美な夢ではなく、彼なりの時代と向き合うアンチテーゼなのである。彼はホッブズ、ロックが何を説いたかを知っている。そしてそこに、時代の最先進国イングランドに都合の良い理屈を見て取る。

例えばホッブズの自然状態「万人の万人に対する闘争」を、虚栄と利害を争うブルジョアの社会状態を投影しただけだ、とルソーは見る。ホッブズはここから、国家への自然権譲渡を社会契約だと説くのだが、ルソーに言わせればそれは、富者が貧者に共倒れを避けようと呼びかけて国家服従させる「強者の論理」なのである。

また例えばロックの自然状態「理性的社会的で不安定ながらも平和」を、既得権者の所有権を正当化するためにさかのぼって用意したものだ、とルソーは見る。ルソーに言わせれば、ロック自身が不平等所有で有利な立場にあってそれを正当化するために自然権・自然法の理論を立てているのである。

ルソーは、自由の乱用、不平等社会で強者に有利となる法の正当化に、異議を唱えたかったのではないか。『学問芸術論』のころから文明批判を展開してきたルソーである。人間の自然本性としての自由と平等、それを実現しやすい社会契約のあり方、ここに彼の問題関心があった。

根本的には、ルソーは反文明主義としての自然主義者である。「自然に帰れ」がルソーの決め台詞とされるが、彼の著作にも発言記録にも「自然に帰れ」はない。それに近い言葉で説明するなら、「自然に従え」が彼の基本姿勢だったのではないか。自然環境としての山川ということではなく、心の内なる自然を十全に表現することが、ルソーなりの啓蒙主義だったと言える。

(2) 思想史的意義と限界

ルソーの直観と夢想に私は、とことん付き合ってみたいという誘惑と、付き合いきれないという諦念と、その両方を感じる。歴史としては、ルソーの革新的すぎて危険視された理論が、死の一一年後のフランス革命に思想的基礎を与えたとされ、フランス人権宣言につながったとされる。しかし、イングランド革命の立憲君主政という「漸進的」な答えとは違って、フランス革命は王政の廃止による共和政を「急進的」に求め、結果として恐怖政治の反動からナポレオン帝政に戻ってしまう。ナポレオンの登場もある意味では国民統合の「一般意志」なのだ。ルソー思想は国民主権の民主主義にもつながるが全体主義の反動国家にもつながる、と功罪両面を指摘されるゆえんがここにある。

「一般意志」は、いくら考えてもやはり導き出しにくい。多種多様な意志がモザイクのように表現される政治のほうがイメージしやすい。「今、国中に一般意志がみなぎって全国民が目を輝かせている」という国はかえって気味が悪い。ただ、現代の政治社会を考えるなら、強権的な政治主導でもなく相互監視的な同調圧力でもなく、健全な公共利益を語り合える世にするために、一般意志という考え方は参考になる部分がある。

現代の政治は、代議制民主主義が民意を反映していないなどの欠点を露呈している。国民投票制度がその欠点を補う可能性はあるが、大衆の一時的ムードがポピュリズムの弊害を招くという危険性もある。人民主権というスローガンをどう実質化するかは永遠の課題だが、ルソーの夢の限界を認識しながらルソーに学ぶ意義は、これからもありそうだ。

(3)　今も読み返されるルソー

昔も今もファンが多いのがルソーである。社会思想としても哲学としても文学としても生き様としても、である。混沌はあるが、いや混沌があるからこそ魅力を感じるのかもしれない。

人民全員が主権者だと明言したことは、市民革命や近現代の民主化、独立運動に影響を与えてきた。人民主権、国民主権、主権在民という理念を近世史の文脈から現代にどう写し取るかを、ルソーは考えさせてくれる。非現実な理想ばかりと批判する人もいるが、その理想を読み返すことで今日の「公共利益」や「主権のあり方」を考察する人もいる。文明批判も自然賛美も一面的で観念的とされるのだが、環境破壊を心配する現代には襟を正すきっかけになる。

最後に、ロックとモンテスキューの章で指摘した「植民地・奴隷制問題」がルソーではどうなっているかを見ておこう。ルソーは文明批判、平等主義の人であるから、『社会契約論』では奴隷（のような存在、制度）を否定している。しかし、同時代にあったアフリカ人奴隷問題には言及していない。加担はしていないが反対論陣を張ることもしていないわけである。

関連人物コラム8　ディドロとダランベール——百科全書派の人々

『百科全書』は、一七五一年刊行開始の百科事典だが、自然科学から文化芸術まで幅広く扱う論説集でもある。その責任編集を務めたのが、ドゥニ・ディドロ（Denis Diderot 一七一三—八四）とジャン・ル・ロン・ダランベール（Jean Le Rond d'Alembert 一七一七—八三）である。ここにルソー、モンテスキュー、ヴォルテールなども分担執筆に加わり、彼らを「百科全書派」と呼ぶ。

ディドロは哲学や美学や文学を専門とし、唯物論者として、また近世ヨーロッパ史で最初の無神論者として有名である。ダランベールは数学や物理学を専門とし、「級数」の収束・発散に関する研究で功績がある。『百科全書』は宗教界や王侯貴族から危険視されてフランス王政派から弾圧を受けた。ダランベールは一七六〇年ごろから編集を退いたが、ディドロは弾圧を跳ね返して一七七二年の完結までやり通した。こうして苦難を重ねながら編集・発刊された『百科全書』は、フランス革命を準備する知恵を与えた。

第10章

日本の近世とは何か

日本近世思想家　生没年一覧

林羅山	1583――1657
中江藤樹	1608――1648
山鹿素行	1622――1685
伊藤仁斎	1627――1705
荻生徂徠	1666――1728
本居宣長	1730――1801
石田梅岩	1685――1744
安藤昌益	1703――1762

1　西洋社会思想史から見る日本近世

(1)　社会思想史は西洋だけのものか

社会思想史とは、社会の変動を、時代を動かす思想潮流から読み解き、歴史の中に位置づける学問である。社会の動きとのつながり、あるいは社会の動きの基底として思想の歴史を見るという点で、思想を独立的に見て取る（それでも社会との関連は無視できないが）ような哲学史とは違った形で論じることができる。そして西洋に限らず、東洋や日本を舞台とした社会思想史があってよいはずである。

しかし世に「社会思想史」と銘打つ書物や大学講義は、西洋、特にヨーロッパを舞台とするものが圧倒的に多い。そして、思想史ならば古代から現代まで全てが視野に入るのだが、社会の変動、歴史のダイナミズムを描写するものとして一六―一九世紀の近代に焦点を当てたものが多い。ルネサンス、宗教改革、市民革命の裏付けとなった思想を浮き彫りにする、というのが社会思想史メニューの定番である。

そこで、日本史にも同じような問題関心で焦点化できる時代、浮き彫りにできる思潮はどこにあるだろうか、という問題関心がわく。多くの人が想起するのは、明治維新の文明開化であり、大正デモクラシーへと続く近代化であろう。そこは当然、注目に値するのだが、欧化政策で欧米の制度や文化が一気に流れ込んできた時代でもあり、「日本としての思想」を読み取るには難しいところがある。

(2)　日本近世、江戸期への着目

ではその明治維新の前、江戸期という「近世」は焦点化できないか。西洋の一六―一九世紀、特に市民革命期を

彼岸とするなら、時代を平行移動すれば此岸は安土・桃山期から江戸期ということになる。

一見、これは無理のある類比のように見える。戦国武士の争い、武家政権、士農工商の身分制度、これらは宗教改革や市民革命というヨーロッパの事象に比肩する近代化ダイナミズムではない、と見えるのである。江戸期は社会変動どころか安定と停滞の時代であり、「社会思想史」を記述する材料の乏しい時代ではないか、「社会の変動」「歴史のダイナミズム」を探すなら幕末から明治以降だ、と言われそうである。

しかしそれでもなお私は、この時代、特に江戸期前半に、日本社会が変わっていく地熱のようなものが溜め込まれたと考えている。明治維新こそが変動であり変革であり一種の市民革命だと言うなら、その地力が蓄えられたのは江戸期であり、江戸期前半に多くの種がまかれたと考えている。その手前にある安土・桃山期も十分に「近代の種まき」に貢献した時代であると考える。

そして私の当面の見解は、西洋の一六―一八世紀を論じるのと同じような時代関心をもって日本のそれらの世紀を論じることには十分に意義があり、そこに日本の社会思想史の重要なステージを見出すことは可能だ、ということである。

2　「近代の種まき」としての安土・桃山期

(1)　安土・桃山期のルネサンス的「種まき」

江戸期すなわち徳川政権の二六〇年は、戦国から泰平へ移った後の「安定期」であり、裏を返せば「停滞期」であった、との印象がある。そしてそこに至る安土・桃山期は、戦国武将たちの力比べの時代だった、と見なされやすい。そこに「近代化の息吹」など感じ取れるのか、と言われそうである。こうしたイメージから払拭していきたい。

まず江戸期直前の時代である安土・桃山期であるが、中世と近世のはざまとしての時代評価を述べれば、ここは日本のルネサンス第一局面である、と私は考えている。

「日本にルネサンスらしきものがあったのか」という問いを立てて日本の近代化をヨーロッパ史と比較するとき、「ルネサンスらしきもの」の諸局面の一つは、進取の気風であり、より広い世界への開眼である、と言える。すると、この時代を代表する織田信長は、地球儀を手元に置いて「世界の中の日本」を意識した武将であり、世界を見る政策人だと見なせる。刀と弓矢の戦国時代に鉄砲を活用する新しい兵法を導入し、ときに洋装を身に纏うなど新しい文物に積極的に触れ、伝統仏教を恐れぬ「天魔王」と呼ばれ、権力への意志を体現した。その「新たに取り入れて使えそうなものは何でも使う」そして「権威は自らが創造する」という姿勢は、イタリア近代のマキャヴェリ政治学の（さらに言うとドイツ現代のニーチェ哲学の）東洋版とさえ見える。

信長以外にも、旧来の家柄を頼みとするのでなく、自己の能力を前面に出す下剋上型の新しい武士リーダーがいた。また、航海術が発達してアジア諸地域への進出が起こっており、町人たちにも海外貿易にも乗り出す「企業家」がいた。つまり、日本周辺にもヨーロッパ一六世紀に比肩する「大航海時代」が始まっていたと言える。そして、フィレンツェ（イタリアルネサンスの拠点、地動説主張者ガリレオの活躍地）に匹敵する、「自由都市」堺が成立していた。いくつかの場所と局面で、近代化につながりうる種はまかれはじめていたのである。

それらはごく一部の例であって時代の多数派潮流ではない、と言われるかもしれない。しかしそれを言うなら、ヨーロッパルネサンスでさえ上流教養市民の営みであって庶民の共有文化ではなかった。種はまかれても歴史の多数派・主流派として前面に出るには紆余曲折がある、というのは洋の東西いずれにも言えることである。

(2)「停滞期」でなく「地熱」蓄積としての江戸期

さて、信長はまだしも、豊臣秀吉となるとバテレン追放令を出したし、江戸期になるとキリスト教禁止令が出された。そして「鎖国」（本当に国が閉ざされたのかについては議論の余地があるので「」付きとする）の世となり、日本は二六〇年間「時間が止まった」……こうも言われるかもしれない。秀吉の刀狩に始まる兵農分離、江戸社会の「士農工商」（実はこの四文字熟語が身分差標語として明示されたのは明治期の「四民平等論」かららしいのだが）の身分固定は、社会の変革力を奪ったし、「鎖国」政策で貿易利益を稼げなくなった商人は、武士権力に寄生することに甘んじた……こうもまた言われそうである。

しかし、それらが日本近世の全てではない。身分制度に窒息させられ武家権力に押し殺されていたかに見える江戸社会が、知的批判精神を内々に育み、内面の近代化を少しずつ進展させる「地力」を養っていたのだ、と考察できる側面がいくつもある。権力にとりあえずは従いながらも、反骨心を磨いた者たちもいる。権力側が秩序樹立のために用意した制度・学問・文化が、皮肉にもやがては権力打倒に立ち上がる者たちの知力を磨いた部分もある。幕末に黒船が来たから急に日本が変わったのではなく、泰平の世なりの伝統文化を熟成ながら時代進展を微妙に感じ取って新しい歴史を開拓する「地熱」が、そこかしこに育まれていたのである。

そうした「地力」「地熱」にきっかけを作った諸事象を、私は「近代の種まき」と呼ぶことにする。それらの種まきを何人かの思想家に代表させて語らせることができる、というのが私の歴史観、そして「日本社会思想史観」である。思想と同時に社会変動が起こったとまでは言えない。そこには現実の壁があり、種が芽吹くにはタイミングが、芽吹くまでのタイムラグがある。それでもそこに、時代を語る思想、社会を動かす思想を見出せる、というのが私の見解である。そしてヨーロッパ近代のみならず日本近世にも「社会を動かす思想」を見出すことが、本書の目的である。

3　江戸幕府「支配」の逆説

(1)　江戸泰平は反近代的停滞の時代か

さて、視線を江戸期に移すと、次のような反問が予想される。安土・桃山期に「種まき」が試みられたことは認めてもよいだろうが、江戸期は、近代化という歴史文脈においては「停滞・閉鎖」の時代ではないのか。江戸幕府の成立は、戦国の世を泰平の世に変えるという意味では進歩であるが、そのための秩序維持・支配の力学が強く働きすぎて、地球の裏側から知識・技術を取り入れ自らも海外に出ていくという進取の気風に全てフタをする、ある種の「反動」と呼べるのではないか。よって「種」は埋もれて芽吹かなくなってしまったのではないか。

これに対する私の端的な答えはこうである。

たしかに表面的には反近代という「停滞」であるが、深層においては「近代化の種」がじっくり息をひそめながら育った、それが江戸期である。より強く言えば、江戸幕府が「天下泰平のための支配」を行き渡らせようとしたことが、中下級武士・町人階層に「安定下での自己省察」や「閉塞下での批評精神」を持たせる結果となった、と見ている。

支配の強化と長期化は、江戸泰平二六〇年の大衆精神に「面従腹背」の反骨心を見事なまでに育み、体制打破への助走路を作ったのではないか。強く長い支配が、表面的には安定的停滞をもたらしながら、内面にはそれ自身をひっくり返す力を育てていたのではないか。これを私は「支配の逆説」と呼ぶ。たんに「どんなことにも反発や反動は来るものだ」という話ではなく、支配者が支配のために組み立てたプログラムが、同時にそれの裏を行くような思考や活動を生むし、そのプログラムのおかげで育った人々やシステムが、やがてはプログラム自体を破棄させるのに一役買う、ということである。

(2)「支配の逆説」としての「面従腹背」

例えば、後世に名を残す江戸文化諸作品の多くは、批判精神・諧謔精神に満ち満ちている。泰平の世の真ん中、元禄時代のいわゆる「赤穂浪士・忠臣蔵」は、史実はともかく物語としては、「弱きを助け強きをくじく」痛快復讐劇であり、歌舞伎・浄瑠璃の戯曲本として幾重にも脚色され上演されている。西洋からも高い評価を得るに至った数々の浮世絵は、『富嶽三十六景』のような正統派風景画もあるが、美人画そして性風俗を描いた「春画」の類にこそ、その妙味が表れている。正統性のある支配秩序と道義への「面従」の裏側で、我々が本当に求めるものは別にあるぞという「腹背」が、そこかしこに表現されていたのである。

そして、時代の王道を行く学問、世を統《す》べる政治理論や道徳理論においても、従来型の権力を保持するための理屈というよりは、新しく「ポスト戦国」を治める制度づくりの論理が求められた。後述するように、そこでは儒学、特に朱子学という中国古典の学問がテキストとされたのだが、その解釈は、まさに「時・処・位」（中江藤樹思想のキーワード）を考えた江戸幕府的応用であった。

当時の日本の国情と幕府の統御方針に合わせてある種の「再定義」がなされ、そのことは幕府支配を樹立することに貢献したのだが、来たるべき時代をそれなりに見据えた理論と制度づくりは、先進性（革命性とまでは言わないが）をうかがわせるものであり、そこで行われる「教化」は、やがては対抗勢力の知的武装にも寄与するものとなっていくのである。

(3)　体制維持策が「次の時代」を準備した

江戸の「制度とその理論」は、体制維持でありながら新時代への変革の契機でもあった。例えば、中世からの封建制（農地を媒介とする主従制度）が、知行地の給付という形で強化された面もあるが、参勤交代や国替えを指示する中央集権制が、商業経済と官僚政治を促進したという面もある。幕府が「今を守る」ために取った政策が、「次の時代を準備する」ことにもなったのである。

考えてみれば、徳川将軍体制は、中世ヨーロッパの絶対王政とは大きく異なる。将軍職は徳川の直系父子あるいは御三家一族で世襲されていたが、政策決定は将軍独裁というよりは老中合議であり、老中の下の役人たちの調査・具申の役割も大きかった。何よりも歴代将軍自身が、林家《りんけ》（林羅山をはじめとする代々の儒学教育者）をはじめとする儒学者の教えを受けて知見を高めていた。時には一将軍の特異な宣言が世を戸惑わせることはあった（例えば五代綱吉の生類憐みの令）が、一人の独善的思いつきよりは官僚機構の中庸な決定が事態を進めることのほうが多かった。

そこでは文字文化が有効に機能し、文書制度、郵便飛脚制度が政治の継続性と集権制を促した。全国諸藩もそれに倣った。江戸政治は、近代的テクノクラシーをすぐそこまで招き寄せていたのである。

(4)　教育を得る大衆たち

文字文化と今言ったが、これは大衆教育においても見逃せない。ヨーロッパの宗教改革において、翻訳術と印刷術で多くの人が聖書を直読直解できるようになったことが大きかった、というのは有名な話だが、日本の江戸期でも「読み書きの流布」が近代化への大きな素地を作った。

儒教道徳（その江戸幕府バージョン）を中央のみならず地方、諸藩に行き渡らせるには知的啓蒙が欠かせない。武士の教育には各藩が力を入れたし、都市町人も商取引に文字・数字・文書を必要とした。藩校は江戸初期には一〇校に満たなかったが、江戸終期には三〇〇校近くになっていた。町人たちの私塾、中流以上の農民たちの寺子屋も増え、印刷は活版でなく木版であったがどんどん広まったし、印刷物にならなくても、自ら写本をつくることを知的向上心のある人々は厭《いと》わなかった。

江戸期終盤の日本男性の識字率は、四〇パーセントにまで上昇したと推定されている。権力者の言うことを耳で聞くのが全てではなく、自分で読み、考え、書いて表現することができる。疑問を持てば自分で文書を取り寄せて考えを深め、次の道を考案することもできるわけである。明治以降、中下級武家や商家の出身者が数多く国内外で勇躍し、学問・教育・政治に影響を与えたが、まさにその種が二六〇年間まかれていたのである。従順に教化され続けるはずの大衆は、近代的な自立と批判の精神を徐々に養っていたのである。

4　近代への助走路としての近世江戸期

(1)　日本の江戸期「近世」と西洋の modern

ここまでを小括する結論はこうである。

江戸期は戦国期終結と引き換えに停滞をもたらした時代だ、と表面的には見えるが、天下泰平のための学問と制度づくりは、「抑え込む力」を発揮しながらも、「批判し革新する力」を内に育むことにもなった。明治期以降の目に見える近代化の手前に、たんなる閉塞の時代ではなく、近代への助走路となる時代として江戸期があったのである。つまり江戸期は、「近代の前触れ」あるいは「近代前半」として、まぎれもなく「近世」であったのである。

本章の締めくくり、そして日本近世の社会思想家たちを見ていく直前作業として、いくつか整理をしておこう。

私が本書に取り組むきっかけとなったのは、「西洋史に近代を中心とした社会思想史が多く語られるのに日本史に社会思想史がほとんど語られないのはなぜか」という疑問であり、「明治維新の欧化政策・文明開化より前に日本の近代化を指摘できる場面はないのか」という考えであった。そこで、世であまりなされてこなかった日欧思想史の比較研究を、近代を焦点として試みようとしているのである。

西洋史と日本史を比較するにあたって意外とネックになるのが、西洋史の modern「モダン」と日本史の「近世」「近代」「現代」という用語である。西洋史は、「モダン」という語一つで、ルネサンス期から二〇世紀までの全てを捉える。二〇世紀終盤からは、「近代の超克」とか「ポストモダン」というスローガンが叫ばれることがあるが、これらの言葉自体が「モダン」文脈の中に存在しており、今もずっと我々は「モダンの中」なのである。

かたや日本史では、江戸期を「近世」と呼び、明治・大正・昭和初期あるいは第二次大戦終戦期までを「近代」と呼び、第二次大戦後の戦後民主主義時代を「現代」と呼び分ける習慣がある。言葉というものが定着すると、思考まで固定化する傾向がある。一五、一六世紀以降を大きな「モダン」の流れに置いて適宜切り分けることも考える西洋史と、「近世」と「近代」と「現代」を先に固定的に分けて、「江戸期に近世という名称を与えたが、それは近代とは別物という意味だ」となりやすい日本史とは、並べて考察しにくい面がある。

(2)　日本近世の社会思想史としての位置

しかし、これまで述べてきたように、日本の近世は近代の前触れとして社会思想史に位置づけることが可能であり、またそう見るべきだ、というのが私の見解である。江戸泰平の安定期は、それまでとは違う「新時代」であり、さまざまな要素を歴史学から観察する意義のある時代なのである。

例えば宗教史としても近世は重要である。仏教は、それまでも日本独自の展開を見せていたが、その政治利用は近世独特の日本宗教社会を示す。キリスト教が伝来し、広まり、禁止令が出され、それでも一部では根強く信仰されるという過程は、宗教受容の変遷史として興味を引く。

「鎖国」の功罪も論議を呼ぶ。そもそも閉ざされていたと言えるのか。長崎出島の役割はどうだったのか。オランダおよび中国との交易で何は手に入り何は手に入らなかったのか。一般的には、「西洋から取り残されたが日本ならではの文化は育った。それが鎖国時代だ」と評されるが、この評価で十分か。

歴史の全ての要素を一挙に考察することはできないが、本書では「日本の社会思想史としての近世史」を、大きくは次の二つの側面から論じることにする。

(3) 「官の思想」の近世

第一には、「官の思想」が育った時代として近世を考察する。

中国文化（儒学など）あるいは中国経由の文化（仏教など）を適宜取り入れてきた日本が、この江戸幕府という場面では、朱子学を取り入れた。そして当時の幕府方針に合わせて解釈し、「官学化」した。これが江戸期の日本社会の思想史的な本流である。

また、傍流としては陽明学も入ってきており、こちらの受容過程も興味深い。朱子学も陽明学も元は中国思想だが、「日本思想」としてどう地位を得たかを考察していこう。予告的に言っておけば、当時の日本社会の要請は「武家政権でありながら泰平の世をつくる」というものであったから、この矛盾をはらむ要請に特殊な役割を果たすものとして、朱子学と陽明学は活用されたと考察できる。

(4)「民の思想」の近世

第二には、「民の思想」が育った時代として近世を考察する。まずは、陽明学が「官の日本朱子学」と同時代の対抗学派として、「民の日本陽明学」として存在意義を得ていた時代を見て取ることができる。

その後、広く「古学」と呼ばれるもの、その中の発展形として「古義学」「古文辞学」が生み出される。また、中国古典よりも日本古典に着目する「国学」も生まれる。これらを生み、育てたのは民間の学者たちである。さらに言うと、「心学」は武家社会とは別の町人社会の道徳として考究されたし、農民の側に立つある種の革命的な思想を語る者も出現する。

これら「民の思想」が、「官の思想」の陰に隠れながらも、やがては下級武士や町人に知恵を授けて「官打倒」の可能性を拓くという、支配の逆説が後の歴史には登場する。また他方、「民の思想」のある部分が「国家」に吸い上げられて「別の官」を強化するという、反対の逆説も後の歴史には登場する。さて、我々はそこにどのような社会変動の思想を読み取れるだろうか。注視していこう。

第11章

林羅山の日本朱子学と「官の学」

1　朱子学の概要

(1)　朱子学へのアプローチ

朱子学とは何かを短く説明するというのは、勇気のいる試みである。中国の紀元前六世紀の儒教誕生史とその後の他派との交錯・変遷も踏まえて一二世紀の朱子の登場をどう語るべきか。程伊川など朱子の先行者をどう位置づけるのが適切か。中国での朱子学の同時代評価とその後をどう論じるか。中国思想史の中でも、日本史との関連でも、多くの研究が蓄積されている。西洋近代哲学史と現代応用倫理学を専門とする私が安易に手を出す領域ではないと思えてしまう。しかし、「日欧思想史の比較」「日本近世の社会思想史」というテーマ設定がそもそも大それた試みであり、自分の研究寿命を考えて今あえて挑戦すると決断したのであるから、粗雑であるといった批判は覚悟のうえで、ここに叙することにする。

(2)　孔子と儒教・儒学

中国の思想は、紀元前六—三世紀のいわゆる諸子百家によって源流となる世界観・処世観が築かれたとされる。その第一群が、孔子（前五五一—四七九）を開祖とし性善説派の孟子（前三七二—二八九）と性悪説派の荀子（前二九八—二三五）に受け継がれる儒教を説く儒家たちで、「孔孟思想」とも呼ばれる（対抗群のように扱われる「老荘思想」は、老子（生没年不明）を開祖とし荘子（前四世紀）に受け継がれる道教を説く道家たちの学派である）。

孔子の思想は端的には、人どうしの親愛の心情である「仁」を根本として、親子や君臣における尊敬である「礼」を伴わせる「徳治主義」である、と説明できる。そこから「孝」や「悌」という秩序概念も導出され、「武力による覇道ではなく徳による王道を」という政治思想になり、漢王朝や唐王朝の体制を支える「官学」としての儒学となっていった。

孔子の言行録である『論語』と、『孟子』『中庸』『大学』が、「四書」として儒教の教典となり、その研究・解釈から諸学も生まれた。これら「四書」と、さらに儒家たちに編集された「五経」（『易経』『詩経』『書経』『春秋』『礼記』）が、その後の学問のテキストとなり、諸流派も生まれ、これらに基づく諸思想と応用学が、広く儒学として受け入れられていった。

(3) 朱子による新儒教

さて、朱子学は、その儒教・儒学を解釈し直して大成した「新儒教」である。朱子（本名は朱熹、一一三〇—一二〇〇）が完成者であるが、程明道（一〇三二—八五）・程伊川（一〇三三—一一〇七）兄弟なども貢献している。朱子が著した『四書集注《ししょしっちゅう》』が「四書こそが根本教典」という理解を定着させ、朱子学はこの時代の宋王朝の正統派官学、宋学となった。

孔子以来の儒教が宋の時代に「新儒教」として光が当たるようになったということは、裏を返せば儒教があまり顧みられない時代がその間にあったということになる。ここで中国史を詳述することは目的から外れるので簡単に述べると、秦の始皇帝の有名な「焚書坑儒」や大乗仏教の隆盛により、儒教はその教典が文献学的研究に使われることはあっても思想としては力を持たない時代が、古代から中世にかけてあったのである。次に述べるように、朱子学が宇宙論のような切り込み方をするのは、この時代を席巻する仏教の実存哲学的関心とは別の体系を打ち立てることで、儒教を復権させる必要を感じたからではないか、というのが私の見立てである。

朱子は、孔子以来の儒教が仁をはじめとする「人道論」として読まれがちだったのを解釈しなおして、「理気二元論」を唱えて宇宙の原理から世界を語り、そこから人間の本性を説明する「性即理」というテーゼを立てた。「理気二元論」とは、天上の形而上学的な原理を「理」と見て、その下に諸物を作る形而下的な材料である「気」がある、と考える理論である。理（世界を構成する法則）に従って気（ガス状の物質）が集まることで秩序ある世が できる、という世界観・社会観がそこにはある。そして、人間の本性も天が授けた理法であり「性」は本来の「理」に基づくべきだ、という「性即理」を根本倫理に置いた。その天が授けた理が人の心においてはまず「仁」であり、さらに「義」「礼」「智」「信」が続いて、これらが五つの基本的徳すなわち「五常」となって道徳社会を支える、と考えるのである。

そして朱子学は、人間の修養において、万物を貫く理を見究めるために一つ一つの理を窮めていくという「窮理」を唱え、日常生活においても、本来の性である理への畏敬（相手を「うやまう」というよりは自らを「つつしむ」という心持ち）を持って情や欲を抑える「居敬」を唱える。この「居敬窮理」が人間らしい生き方であり、学問に向かうには、個々の物を追究して知恵を完成する「格物致知」の精神をもってせよ、という主張になるのである。

(4)　朱子の世界観と西洋思想

以上が私なりにまとめた朱子学の要点である。西洋思想史を主に研究してきた立場から改めて見ると、朱子学の主張は、宇宙の理法を人間社会の秩序に映す形で読み取るという点で、キリスト教世界で語られる「神の予定調和」論に類似するところがある。また、西洋近代哲学の完成者ヘーゲル（一七七〇—一八三一）の「世界精神による人倫の完成」にも類似するところがある。

今日の我々なら、宇宙や自然世界を物理学的に解釈することと人間社会を倫理学的に解釈することとは別の営みになりやすいが、世界も社会も「理」であるとする着想は、洋の東西を問わず哲学となりうることが見えてくる。

2　朱子学の伝来と林羅山による「官学化」

(1)　儒学の伝来

日本に朱子学がどう伝わったか。どう意識的に導入され日本流に解釈あるいは改作されたか。それを論じる前に、孔子以来の儒教の伝来と広まりを述べておこう。

儒教が日本に伝来したのは古代の四─五世紀とされる。「四書」と「五経」の一部が朝鮮半島百済の学者を経由して、漢字文化として書物で、そして講話で伝わったのが始まりである。当時の日本はまだ文字を持たず、文字学問がなかった。儒教を特定の思想として受け入れたというよりは、学問・文化そのものとして、識字のテキストとして導入した面が強い。仏教伝来よりも一世紀以上早いのだから、日本の文字文化としての思想は儒教から始まったとさえ言える。

平安時代には漢・唐の儒教文書の訓古が学問の中心となり、儒教書物は漢字言語を学ぶテキストであり続けた。文字、文章は中身を伴う。識字勉学の過程で受け入れられた思想やその応用学が、広く儒学として学問の中心となった。六世紀から入ってきた仏教がまさに「宗教」として広まっていくのに対して、儒教は文化・学問的な「儒学」として定着していったと考えられる。

(2)　朱子学の伝来と広まり

朱子学が日本に伝来したのは鎌倉時代、一二世紀末とされる。京都五山の仏僧たちに広まったと言われるから、仏教徒であることと儒学者であることとは十分両立したということであろう（江戸期には次に言及する林羅山のように、寺で仏教を学びながら僧籍に入らず俗世間に戻って儒学者となった者もいたが）。鎌倉仏教は、禅宗などの形で日本独自の思想的進展も遂げていたから、日本の伝統思想と輸入学問とが融合していく過程が、中世後半から徐々に進んでいたと言える。

江戸幕府を開いた徳川家康（一五四二―一六一六）は儒教に対して、政治的支配に役立つ魅力を見て取ったと考えられる。彼が儒学の古典を熟知し「朱子学流入という今の時代」を的確に捉えていたかは疑わしい。しかし、仏教は本来的に「平等に愚かで罪深く、平等に極楽浄土の可能性を持つ人間」を説くものであり、儒学の方が仏教よりは封建制度の君臣原理を読み取りうる世俗倫理として使い勝手が良いと感じたのであろう。

家康は、禅宗の仏僧でありながら儒教へと傾倒していた藤原惺窩（ふじわら・せいか。一五六一―一六一九）を招いて教えを受ける。家康は惺窩が仕官してくれることを望んだようだが、惺窩にその出世欲はなく、弟子である林羅山（はやし・らざん。一五八三―一六五七）を推挙した。そして羅山は、家康・秀忠・家光・家綱と徳川四代にわたって侍講を務め、羅山の子や孫も徳川将軍の侍講を引き継ぐなど、林家《りんけ》は代々、学問的政治的指南役としての影響力を保有することになる。

(3)　林羅山の上下身分論

さてその江戸幕府「官学」となった林羅山の「日本朱子学」であるが、本来の朱子学を改作したというか、都合よく拡大解釈したように読める。

羅山は「上下定分《じょうげていぶん》の理《ことわり》」という倫理を主張する。君臣の上下関係は天地自然界の理と同じく所与のものとして定まっている、というわけである。朱子学が説く「天の理法に人間たちも従う」という理論を受け継いでいると言うのだが、やはり江戸幕府の「戦国から泰平へ」の秩序安定という意向を受けた、あるいは過剰なまでに先取りして解釈した、行き過ぎた天地の理の論であるように見える。これによって封建社会の君臣身分秩序を正当化するのだが、朱子が「天の理は人間本性にも映される」と説いたことをずらしている。

羅山は主著『春鑑抄』で、「天は尊く地は卑し、天は高く地は低し、上下差別あるごとく、人にもまた君は尊く、臣は卑しきぞ」と語るが、自然界の法則をもって人間どうしの主君と臣下の地位を宿命とするのは無理があるし、朱子はそんなことは言っていない。

また羅山は、この上下定分の理を体現するには「存心持敬」、つまり心に敬《つつしみ》を常に持つ態度が必要だと主張する。これも朱子学が説く「居敬」と似ているが、武士としての君と臣それぞれの矜持、さらには武士と町人・農民との身分差の肯定として語られている。人間として天の理に禁欲的に従おうという朱子学の精神とは、やはり文脈が違う。

(4) 期待以上（?）の羅山の幕府貢献

徳川家康はここまでの理屈づけを期待して林羅山を登用したのだろうか。それとも羅山の方が肩に力が入りすぎたのだろうか。家康が藤原惺窩のもっと「穏当な」儒学に共鳴していたことから考えると、家康の期待以上に羅山が「上下の定め」を理屈づけたように思われる。家康が期待したのはむしろ、安定の時代に向かって法令などの文書化とその体系化が必要であり、根拠となる学問理論として漢文書籍の読解が必要であったことから、その要請に応えうる林羅山の博学多才さだったのではないか。

実際、その役割も羅山は果たした。高度に便利な官僚として、オールマイティな徳川一族教育者として見出した人材が、期待を上回るほど強固な身分秩序論まで提供してくれた、というのが実態だったのではないか。

とはいえ、それが「歴史の勢い」というものである。羅山の身分秩序論は平和で安定的な武士中心社会に貢献しただろうし、徳川政権の出す武家諸法度が求めた「文武両道」の「文」の部分として、林羅山的なインパクトの付いた朱子学が武士たちの学問教材になっただろう。歴史に「たられば」を語ってもあまり意味はないが、もし藤原惺窩が侍講となっていたら、身分制度への考え方はもっとマイルドになっていたかもしれない。しかしその代わり、秩序不安定から紛争があちこちに起こっていたかもしれない。

3　羅山朱子学の社会思想史的意義

(1)　安定・泰平の秩序への貢献

ここまでの理解を土台として、その後の江戸社会、さらには明治維新も視野に入れて、羅山流の朱子学が官学としてこのように行き渡ったことの意義を、社会の変動の中で「近代化への地熱」になったという視点で、考察してみよう。この考察を本章の締めくくりとする。私が「林羅山らの日本朱子学の社会思想史的意義」を見出すのは、次の四点である。

第一点。まずはごく素直に、戦国の動乱期から秩序ある安定期に移行させ、安定・泰平を長期にもたらした思想として、役割を果たしたことは認めたい。

「上下定分の理」は、本来の朱子学をずらした、権力側に都合よく解釈した支配の思想であり、身分差別を肯定する前近代的な思想であるが、戦国への逆戻りを一切許さない理論武装としては、あの時点での体制固めという歴史に勢いをつける思想として機能した。願わくば、各身分それぞれの存在意義を積極的に評価する理論をせめて付随してほしかったが。

第二点。朱子学の、そしてその元にある儒学の、「仁」や「礼」という鍵概念がややゆがめて使われたところはあるが、武士たちに、将軍にもその側近にも下級武士にも、この泰平の世への社会的責任を自覚させる効果はあったと考える。

今日の我々が憲法の理念を実現するために「不断の努力」を求められているように、彼らもまた、それぞれの身分をわきまえるという制約の中ではあっても、時にその秩序が現代の尺度では理不尽なものであっても、その泰平秩序を維持し続ける「不断の努力」を、朱子学に触れることで意識できたのではないか。孔子の教えにも、朱子の解釈にも、ある部分では人類普遍の知恵と呼べるところはある。人としての道義をその時代なりに学んだことは、良い意味での職分的プライドも培ったと考える。

(2) 近代へつながる「理」と「知」

第三点。朱子学は「天の理」「万物の理」を語るという合理的世界観を持っていた。それは悪くすると宇宙を思弁的に語るだけという空理空論になるのだが、事物に理を見出そうと追究する姿勢は、自然科学的態度につながる。実際、江戸期前半にもすでに、宮崎安貞（一六二三—九七）の農業技術書『農業全書』、貝原益軒（一六三〇—一七一四）の薬物学書『大和本草』といった著作が世に出るのだが、朱子学精神はこれら自然科学的業績の地盤となり、こうした蓄積があればこそ、明治維新のあと西洋科学の受容がスムーズにできたと考える。

また、「理」を求める姿勢を物でなく人々に向ければ、人間の本性や人間社会の性向を見抜こうとする態度は、「自然権」「自然法」といった社会哲学との親和性を持ちうる。日本人が西洋の社会契約思想を知るのは、中江兆民（一八四七—一九〇一）がルソー（一七一二—七八）の『社会契約論』を『民約訳解』と訳出する明治期になってからだが、こうした思想の理解につながる種まきは、朱子学によってもなされていたと考える。

第四点。日本朱子学は「官学」であり、江戸幕府を守り諸藩の武士と町人・農民への支配を維持する学であったが、学である以上は知的向上心を呼び覚まし、ある程度は含まれる正義や真理の理論を学ぶ者たちに考えさせる。そんな「近代へつながる知的効果」を、羅山の日本朱子学は宿していた。

この朱子学を学び、さらには『論語』などを直接学ぶ機会が増えれば、そして「鎖国」とはいえ海外の情報がいくらか入ってくれば、江戸幕府が永遠の正しい秩序だとは思わない者も出てくる。幕藩体制を守るために広めた「学び」が、中下級武士や上層町人にその体制を疑う「気づき」も与え、討幕勢力を育てることにもなったのである。本書第10章の第3節で「支配の逆説」と指摘した一局面が、ここにあると考える。

関連人物コラム9　藤原惺窩——林羅山の師

林羅山の師である藤原惺窩は、日本近世儒学の祖と言われる。歌人藤原定家の子孫で、京都の相国寺で臨済宗の禅僧となった。仏僧でありながら儒学も深く学び、儒学を体系化して「京学派」を成立させた。朱子学を中心とはするが陽明学も受け入れ、和歌や日本古典にも詳しかった。豊臣秀吉にも徳川家康にも儒学を講義し、家康には仕官まで求められたが断った。このとき惺窩が代わりに推挙したのが林羅山である。

林羅山は、おそらく藤原惺窩以上に博識多才で精力的で、江戸幕府創世期の制度づくり、政策文書づくりには貢献したであろう。ただ、惺窩には羅山以上の学問的寛容さ、人間的高尚さがあったと言われる。朱子学一本で江戸社会の上下身分を秩序づけた羅山でなく、もし、より普遍主義的であり平等主義的であったろう惺窩が徳川「官学」のリーダーになっていたら、時代の風景は少し違っていたかもしれない。

第12章

中江藤樹の日本陽明学と「民の学」

1　陽明学の概要

(1)　朱子学と陽明学

朱子学の次は陽明学である。まずは本書第11章で朱子学の概要を述べたのと同様に、陽明学の概要を整理する。

陽明学は、王陽明（本名は王守仁、一四七二―一五二八）を創始者とする儒学の一学説である。朱子学と並ぶ「新儒学」ではあるのだが、朱子学が「宋学」として宋王朝の官学の地位を得たのに比べると、王陽明が生きた明王朝の時代の後半にいくらか流行したにとどまり、いわば非主流派であった。むしろ、後に見る日本でのほうが、朱子学に比肩する評価を与えられたようである。

彼の先駆者として、朱子と同時代の陸象山（陸九淵、一一三九―九二）を挙げることができる。朱子学の「性即理」への対抗概念として陽明学は「心即理」を唱えるのだが、この「心即理」を最初に唱えたのは陸象山である。象山は、朱子の世界観が外界の理を悟ることに重きを置きすぎる「主知主義」であると批判し、自分の心、自分の内的生命を重視する「唯心論哲学」を語った。外面の理論ばかりでなく内的な実践を、正確に言うと理論と合致する実践を、自己の内面に求めたのが象山であり、その路線の突端に王陽明が登場するのである。

(2)　宇宙の理よりも心の理

王陽明は子どものころから聡明で、朱子学も深く学んだが、天下の物に格《いた》ろうとして一つ一つの物を格《ただ》しても理を知る境地を致す（そこに到達する）ことはできず、「格物致知」を信じられなくなった。紆余曲折を経て、理を外の事物に求めることをやめ、自分の心の中に理を見出そうとする。「山中の賊を破るは易く、心中の賊を破るは難し」という名言を残している。

陽明学は、朱子学のように宇宙を語り事物客観の理を求めることをしない。理と気の二元論にも立たない。朱子学なら「心外有理」の説をとって自分の心の外に事物の理を先在させるのだが、陸象山を受け継いで唯心論に立つ王陽明は、心にこそ事物の理はあるという説を徹底する。外界の理を知ろうとする知性哲学である朱子学に対して、心に埋を見出して主体的実践に理の実現を目ざす実践哲学が陽明学なのだ。

ここに「心即理」が陸象山を経て研ぎ澄まされる。現実の人の心の働きがそのまま理なのだから、外界の物より人に内在する理を知れ、という考え方になる。そして、主体的な心の活動が、具体的な実践場面に応じて理を生むのだ、という考え方になる。これが陽明学の基本理論となるのである。

ただし、王陽明が言うのは、心の赴くままに好き勝手に行動するということではない。主知主義ではないが行動を「埋らしく」支える知は重んじる。そこで「致良知」「知行合一」というスローガンが出てくる。彼によると、人間は生来、善悪を区別する心を持っており、よき実践に結びつくこの心の本体が「良知」、正確に言うと「良知良能」なのである。愚かな人がいるとしたら、それは知がないのではなく良知が欲望に覆われているからである。よってこの良知に目覚めることが人の道にたどり着くこととなり、良知を致す（良知に至る）「致良知」が目ざす境地となる。

その際、朱子学なら天の理を悟るべく「居敬」が求められるのであろうが、陽明学では「事上磨錬」というその場その場での動的工夫が求められる。主体的な実践の中で、心にあるはずの善を自覚的に知ると同時に行動に反映させること、この「知行合一」も目標として同じく導き出される。この陽明学の立場からすれば、朱子学は「知先行後」で行動が後回しになっていると見えるわけである。

(3) 洋の東西の「知」と「行」

知行合一と聞いて、西洋哲学史を主に研究してきた私が想起するのは、古代ギリシアの哲学者ソクラテス（前四六九—三九九）の「知徳一致」そして「知行一致」の説である。また、朱子学が「知性哲学」で陽明学が「実践哲学」だとするなら、ソクラテス、プラトン（前四二七—三四七）、アリストテレス（前三八四—三二二）の時代に語られた「テオリア（観想）／プラクシス（実践）／ポイエシス（制作）」の区別と連続の問題、テオリアという静止的知性とは違った、プラクシス／ポイエシスをつかさどる実践的知性である「フロネシス」の問題も想起される。

時代を飛べば、近代ドイツのカント（一七二四—一八〇四）の『純粋理性批判』と『実践理性批判』が、自然界を静的に見極める理性の理論的使用と、道徳行為を選択する理性の実践的使用との、効力と限界を批判的に考察していたことも想起される。ここでその内容を紹介することはできないが、西洋哲学・思想史を専攻する者が中国や日本の思想史に触れると、比較研究してみたくなる場面はいくつも出てくる。こうした比較研究は、異文化理解的な営みにも人類普遍の原理を探る営みにもつながるだろう。ここ一連の私の研究は、その一里塚になると思っている。

2　陽明学の伝来と中江藤樹による「民の学」

(1) 陽明学の伝来と広まり

日本に陽明学が入ってきたのは江戸期初めとされる。朱子学が「宋王朝の主流派の学」だったのに対し、陽明学は「明王朝時代の非主流派の学」だったのだが、日本では朱子学と肩を並べるほどに学問テキストとされた。初めは朱子学に学びながらやがて陽明学に転ずる者もいたし、幕府の手前、朱子学をもっぱら学んでいるふりをしながら実は陽明学に傾倒している者もいた。

朱子学が幕府支配正当化の官学であったことへのひそかな反発が、ある人々を陽明学に走らせたということもあるだろう。また、陽明学の実践倫理、特に「孝」の教えが、親子や君臣の上下関係を愛のあるほどよい関係にする徳目と見えたのかもしれない。それゆえか、江戸社会の武士にも町人にも、一定の支持者がいたし、その「実践性」が社会的功績を生んだ例もある。

(2) 中江藤樹の陽明学への開眼

日本陽明学の開祖とされるのは、のちに「近江聖人」と評される中江藤樹（なかえ・とうじゅ。一六〇八—四八）である。近江の小川村（今の滋賀県高島市）の上層農家に生まれ、やがて武士である祖父の養子となって別の地で家督を継ぐが、二七歳の時に実母への孝行を決意して脱藩し、郷里である近江に戻って私塾を開く。初めは朱子学を学び塾生にも教えていたが、三七歳で『王陽明全書』に出会ってからは陽明学に傾倒し、独自の解釈も加えながら武士・町人・農民に説くようになる。

彼が郷里に帰ったきっかけは、父の死後の病弱な母への孝行の思いであり、私塾を開けたのは、農家としては裕福で経済的な心配がいらないという条件に恵まれたからである。喘息もちで武道を続ける自信がなかったことが一因だという説もある。それでも、彼の人生選択を見ると、早い時期から武士生活への懐疑があり、「人の道の実践は庶民も同じ」という哲学が心に宿っていたと思われる。武士の身分と朱子学を捨てたことにはそれなりの必然性があったように感じられる。学問イコール朱子学であるような時代に、「庶民派」の道を行く藤樹にとっては、陽明学こそが可能性を開ける思想であった。

(3)「孝」と「時・処・位」という藤樹思想

陽明学と出会った藤樹は、朱子学の「居敬窮理」の「敬《つつしみ》」を、外面的つまり形式的であり、一方的上下関係を許す理屈になっている、と批判するようになる。そこで改めて藤樹が思想の根本に置いたのは、あの脱藩という人生選択にも影響した「孝」である。これは孔子以来の儒教徳目の一つであり、親孝行の話にとどまらない。子が親をいたわるのも孝なら、親が子をいつくしむのも孝である。そして藤樹は、この「孝」の本質を、朱子学の「敬」とは違う「愛敬《あいけい》」という言葉で表現する。親子はもちろん、君臣、夫婦、兄弟、朋友などあらゆる人間関係において、「まごころで親しむこと」「下は上をうやまうこと」「上は下をあなどらないこと」を主張するのである。これを藤樹は、外面的でなく内面に根ざす倫理と認め、武士だけでなく万人に共通する道理としたのである。

藤樹は陽明学者らしく主体的・実践的であることを求めるから、この「孝」の具体的実践について「時《じ》・処《しょ》・位《い》」を強調する。孝のやり取りは、時期・タイミングを見計らい、場所・場面を吟味し、位階・身分にふさわしくなさねばならない、と説いたのである。朱子学なら「礼」や「敬」にのっとって形式的な規範として行われるであろう行為を、それでよしとせず、状況によって柔軟に対応すべしと語ったわけである。それは、「心即理」テーゼで内面の心の生き生きした働きを道理と認める、陽明学の本義にもかなっている。

(4) 庶民の社会思想としての「民の学」

武士であることをやめて庶民に溶け込んだ藤樹は、こうして「官ならぬ民」の世界で倫理を説き、陽明学をより具体的実践的に日本社会で使いやすいように錬り上げたのである。それは、身分制度を否定して全ての民の平等を主張する、といったものではない。むしろ身分秩序は所与のものとして肯定している。

ただ、そこでの形式主義的な束縛をできるだけ排除して、「時・処・位」は考慮しつつも、まごころによる相互尊重を内実化しようとしているのである。上層民や知識人のたしなみにとどまりやすい儒学を、それぞれの人・立場を盛り立てあうような万人の倫理に広げたことが、藤樹の最大の功績だと言えよう。

ここに「日本陽明学」は、「民の学」として歩み始めることに成功した。この先、藤樹の弟子たちの働きもあって、日本陽明学は「武士も含めた庶民の社会」に知恵を与えていくことになる。為政者の政治思想ではなく、庶民の社会思想として、藤樹思想は受け継がれていくことになるのである。

3　藤樹陽明学の社会思想史的意義

(1)　知識と知恵の大衆的共有

それでは本章の締めくくりとして、「中江藤樹が日本陽明学を開いたことの社会思想史的意義」を論じることにする。三点で指摘する。

第一点。すでに述べてきたように、「官の学」となる朱子学から距離を置いて、陽明学を「民の学」として日本流にアレンジして育てたことは、知識と知恵の大衆的共有の試みとして大いに意味がある。

近代的な平等思想が語られているわけではないし、民主主義が訴えられているわけでもない。身分制度の打破などとは全く言っていない。それでも、学問を武士だけでなく町人にも農民にも触れられるものとし、身分の違いはあってもそれぞれなりにいたわりあう倫理を万人のものとしようとした試みは、知的営みを市民の共有財産としていく近代社会に道を拓くものであると言える。

(2) 人間の相互尊重の思想

第二点。人間の内面に「理」を見出し、実践的には「孝」をもって人間関係を適切に組み立てていこうとする企ては、近代以降の諸個人の相互尊重と他者との共存という思想につながる可能性を持つ。

第二次大戦時までの日本の「修身」の教科書には、「病弱な母親のために出世を捨ててまで帰郷した孝行息子」として中江藤樹が取り上げられることがあったらしい。それはそれで彼の思想を矮小化しており是認したくないが、「愛敬を本質とする孝」の多面的な営みを適切に読み解くなら、人間どうしが立場の違う相手をどう認知し、許容し、肯定できるかを考える手がかりにはなる。

(3) 近代へつながる実践の学

第三点。中江藤樹の弟子や孫弟子たち、彼の著作や言行録に学んだ人たち、日本陽明学に何らかの影響を受けた人たちが、その後の社会に果たした役割がいくつか見出せる。彼の陽明学は革命思想では全くないが、そこに学んだ人たちが「具体的実践的」に歴史に名を刻んだ例がある。

例えば、藤樹の直弟子である熊沢蕃山は、後に岡山藩で農民救済の治山治水事業に取り組み、まさに庶民のための実践を成し遂げている。政治批判の言論を発し続け、幕府ににらまれたというのも「民の論客」らしい。また例えば、貧民救済のために一八三七年に「大塩の乱」を起こした大塩平八郎も、陽明学者である。その他、陽明学の「知行合一」論を胸に刻んで討幕に立ち上がった幕末の志士たちは多数いる。吉田松陰もその一人である。中江藤樹がこれらの「心の理の実践」を先導したり予見したりしていたわけではないだろうが、彼の教えが社会を動かすきっかけになった歴史事象はいくつもある。

以上、中江藤樹思想はまぎれもなく、封建体制の中世と個人尊重の近代との橋渡しに一役買った思想であり、社会変動と歴史進展の下地を作った「社会思想」の、日本史における一ページなのである。

関連人物コラム10　熊沢蕃山――中江藤樹の一番弟子

熊沢蕃山（くまざわ・ばんざん。一六一九―九一）は、京都の浪人の長男として生まれた。縁あって備前岡山藩主池田光政に仕えたが、一時は近江の祖父の家に戻り、ここで中江藤樹の門下に入った。二七歳のとき再び、陽明学を信奉する光政に仕えた。日本の先駆的藩校「花畠教場」で活躍し、後に日本初の庶民教育の場となる「閑谷学校」の礎も築いた。

庶民のための実践学である日本陽明学者としての真骨頂は、三六歳のときの洪水と飢饉で発揮される。飢える農民の救済に尽力し、治山治水事業で被害を抑え、大胆な農業政策を進めた。急激な藩政改革は守旧派家老から批判され、朱子学を官学とする幕府の林羅山からもにらまれ、三九歳のとき岡山の片田舎に隠遁することを強いられ、ついには岡山を追われるように去った。京都で私塾を開いたが名声が高まるとまたにらまれ、四九歳のとき京都からも追放された。以降も隠遁・謹慎で何度も移住したが、幕政批判と治山治水政策は貫く反骨の実践家であった。

第13章

山鹿素行の古学と「武士道ならぬ士道」

1　素行の古典研究と独自の古学への道

(1) 日本史におけるルネサンスらしきもの

ヨーロッパ思想史では、ルネサンスこそが近代への扉を開いたとされ、その字義「再生」は「文芸復興」すなわち古代ギリシア文学芸術の人間精神を取り戻すことと説明される。そして「近代化」であるから、たんなる「復古」ではなく、古代精神を参照することで中世キリスト教文化の形式主義を打破し新しい人間像を打ち出す運動、これこそがルネサンスであるとされる。その運動は、同時に一斉にヨーロッパ社会に広がったわけではないし、下層民を含む一般大衆多数派に共有されたわけでもないが、たしかにヨーロッパを中世から近代へと動かす駆動力になったと言えるだろう。

では、日本の歴史に「ルネサンスらしきもの」は存在したか。近代化という観点から言えば明治維新こそが日本史における近代の始まりであるが、そこにあるのは開国と洋化運動であり、「古典に学ぶことで新時代を切り拓く」という精神姿勢ではない。すると、「温故知新」的な思想構築で近代化に寄与したものを、日本史に探し出すことはできないのか。私はその可能性を、江戸期の「古学」に、そしてその系譜に位置づけられる「古義学」と「古文辞学」に見出す。

ヨーロッパルネサンス自体が、地域的にも階層的にも限定された運動だと見るのが適切なのであって、一斉的全人民的なものではない。また、「近代化＝ルネサンス」という典型的なわかりやすさを、日本史に強引に当てはめるべきではない。ただ、鎖国的状態にあった江戸期日本に、それでも人間観・社会観を深め新しい時代の治世を考えようとする人々はいたし、考えるに当たっては先人の知的遺産に学び古典をさかのぼって普遍的真理らしきものにたどり着こうとする人々はいた。そこに着目するとき、江戸期の「古学」はまさに「温故知新」の近代化方向の思想潮流であり、ある種のルネサンス日本版と言える、と考えるのである。

(2) 古典回帰としての古学の誕生

古学の先駆者とされるのは山鹿素行（やまが・そこう。一六二二―八五）である。会津（福島県）の浪人武家に生まれたが、幼少期には町医者になった父とともに江戸に移住しており、林羅山の門下生となって朱子学を学んだ。学ぶ意欲は高くて神道、仏教、歌道も広く学び、軍学の研究はやがて「山鹿流兵学」を教える域にまで達する（子孫は兵学者の面を受け継いで書物や講義を世に示し、幕末の吉田松陰もその影響を受けたと言われる）。

転機は四三歳で『聖教要録』を出したときである。当時「官学」となっていた朱子学を、観念的で形而上学的な側面が強すぎると批判したのである。「天理＝人性」と説く朱子学に対して、天地自然の法則は人間の意識とは別の存在だと考えた（ちなみに彼は、儒教的宇宙観である「天円地方説」を批判して「地球球体説」を唱えたとされ、先進的な科学の視点を持っていたと推察される）。素行は、儒学はもっと現実的で実用的な側面をもってしてこそ意義があるとし、そこを見出すには、朱子学に代表される漢王朝から宋そして明の時代の解釈を超えて、本来の古典である孔子や孟子の原著にまで回帰すべきであると主張する。

ここに「古学」が誕生し、「孔子に帰れ」というスローガンはのちの伊藤仁斎「古義学」、荻生徂徠「古文辞学」にも受け継がれるので、これらは一連のものとして「古学派」と呼ばれていく。天の法則に従うというよりは、人間の意識をそれとは独立したものと見なし、主体的に日々の現実を歩む道を考えるという意味では「近代人」的であり、その参照原典を中世の「手あかにまみれた」解釈を超えて古代に求めるという意味では「古典回帰」的である。ここに私は「日本史におけるルネサンス」を見て取るのである。朱子学の「天の理」を批判するという点では陽明学も同じだが、陽明学の「心即理」は唯心論的な独善性が強く、拠って立つべき聖学原典からはむしろ遊離しかねないから、直接に古典的真理に目を向けるべきだ、というのが古学派の立場だと言えよう。

山鹿素行の『聖教要録』での主張は、江戸幕府「官学」批判と見なされ、発表翌年に赤穂の浅野家に身を預けられる（ちなみに彼は、この預かりの身の時期に赤穂藩家老の大石良雄（通称大石内蔵助）に兵学を教え、それがのちの「赤穂事件（吉良邸への討ち入り）」での兵法成功の一因になったと言われる）。許されて江戸に戻るのは一〇年後となる。その後も生涯、書に学び古学を講じた。

(3)　素行の中朝思想

また素行は、古学の研究および講義のほかに、四八歳で『中朝事実』を著して日本伝統の優位性を主張した。中国古典・中国史には、「中華思想」なるものが見出される。中国は古代文明以来何千年もの伝統があって世界に冠たる「中央の華」である、という自己優位を語る思想である。

素行は中国古典研究の中で、「中国は長き歴史を誇っているが、王朝の交代は激しく、王の血統はそのたびに途絶え、支配民族は変わっている。その点で日本は、神武天皇以来の王朝血統が連綿と続いており、血族に基づく伝統では日本のほうが歴史は長い。日本こそ中央の王朝を名乗るにふさわしい〝中朝〟である」と考えるに至ったのである。

この「中朝思想」は、中国に学ぶだけでなく日本の独自性を考えるという点では新しい意義を持ったが、幕末の尊王思想や二〇世紀軍国主義での日本中心思想につながったという点では負の側面も背負うことになる。

2 「武士道」ならぬ「士道」という新時代精神

(1) 天理の学よりも日用の学

山鹿素行が著した『聖教要録』、そして門人たちが編集した『山鹿語類』から見て取れる思想の要点を整理しよう。以下、まずは、前提となる概略を述べよう。それから第一に、「士道」という鍵概念、すなわち戦国から泰平へと移る時代の「武士道精神」とは別の「道」を説明しよう。第二に、士道に基づく「農工商の上に立つ士という三民の長」という考え方、すなわちその新たな「士道」を歩む武士が万民の世にもたらす倫理規範を説明しよう。

まずは、整理の前提となる概略について。素行は、「天理の学」と見える朱子学を超えて、日本儒学を「日用の学」とするために孔子に復古した。それは、現実的実用的なものを求めるとはいえ卑俗な実利を是とするわけではない「聖学」としての日用学であり、現世での主体的な「仁」と「礼」を求める徳治の哲学的研鑽である。孔子の、そして孟子の原典を後世の思想家たちの解釈に依らずに読解することで、素行なりに本来の徳を洗い出し、自分が生きる時代の倫理を模索したのである。「天の理」を批判して日常の人の世の「仁」を考える素行は、人間の「情」を肯定する。人情情欲を人における自然性の中で受け入れつつ、そこに現世事物と現に生きる人との条理・節度を見出して「礼」と捉える。人の「已むことをえざる」心情を「誠」と呼び、実践倫理の軸とする。こうした「仁から誠へ」の理念は、後の伊藤仁斎「古義学」にも引き継がれる。

さてそこで、この時代の「現実」は何であるか。それは「戦国から泰平へ」である。そこでの「日用」はどうすれば機能するか。武士が無用とならず役割を果たすために「士道」を樹立して実践すればよい。これが素行思想の端的な結論である。

先述したとおり、素行は『中朝事実』も書いているから朝廷（天皇）血統の日本伝統を高く評価しているのであるが、他方で治世を直接に担う武士の役割も大いに認めている。日本中世以来の武家政権を肯定しているし、自分が武士の家系にあって兵学研究という形で寄与しているという自覚もあっただろう。「士たる者の道」は、武術にも宗教にも文芸にも造詣のある素行にとっては、当然の関心事となった。

(2)　天下泰平期の武士のあり方

次に、第一の「士道」という素行独特の鍵概念について。一六〇〇年代後半といえば、天下泰平の安定期に入りつつある時代である。武術・兵法を前面に押し出しても時代は担えない。この時代とどう向き合うかは、時代の先駆者としては興味深くも難しい課題である。もちろん、「江戸期二六〇年間の安泰」という帰結は、現代人である我々だからこそ知りうる答えであって、当時の人々にとってはそうとは確信できない。よって中世以来の古き「武士道精神」は、一六〇〇年代にも巷に色濃く残っていた。それでも素行は、「新しい時代と、この時代なりの武士の存在意義」を先駆的に強く意識していたのだろう。

そこで素行は、「中朝」としての朝廷は尊びつつも実務としては中世以来の政務蓄積のある武士が担当する、そこでは戦国期「武士道」を乗り越えた泰平期「士道」が求められる、と考えるのである。「武士道ならぬ士道」こそが、素行哲学の真骨頂である。

「武士」ではない「士」がありうるのか。日本史においては考えにくそうだが、中国史を学んでいた素行にとっては十分ありうる発想だった、と私は見ている。日本史の「士」は「さむらい」であり、武力を頼みとする護衛者であるから、まさに「士＝武士」である。しかし中国史の「士」はまずは「士大夫」であり、それは科挙制度で官吏に登用される可能性を持つ知力と経済的余裕のある階層であった。武人の上層も含まれていただろうが、豊かな農工商者が教養貴族層という色彩を帯びて地方ごとの有力者として存在し、勉学を優先し科挙の試験に合格して中央官僚として立身出世するチャンスを有していた。彼ら「読書人」こそが、士大夫という「士」だったのである。

この士大夫的な士が、科挙制度のない日本に存在したわけではない。しかし、安定した経済基盤を持ち文武両道の才覚が求められ始めた江戸初期の武士たちに、「教養ある領地の長であれ。兵学のみならず治世学も学び尊敬される文人でもあれ」と求めることは、時代の必然でもあった。素行はこの新潮流を、あの時代背景で彼なりの知見をもっていち早く言説化したのだ、というのが私の思想史的解釈である。

(3) 三民の長としての武士の道

最後に、第二の「農工商の上に立つ士という三民の長」という考え方について。「士道」哲学に基づけば、武士は今や「政治家」である。為政者である。中世以来の武家政権を肯定するとはいえ、もはや戦国時代のように暴力的武力で威圧する時代ではない。「士」は「農工商」という残る三民に、積極的に尊敬してもらい従ってもらわねばならない。よって「三民の長」にふさわしい指導者としての自覚が求められるし、為政者としての倫理が必要となる。自らは、農のように生産にも、工のように加工にも、商のように交易にも、汗をかいていない。「不労所得者」ゆえにマルクスの言う労働者革命で権力が奪われる、などと想像はしていないだろうが、「上に立つ者としてしっかりしていないと存在意義が疑われる」という直感は、少なくとも素行にはあったのではないか。

素行の発言をまとめた『山鹿語類』のある部分を要約して紹介しよう。「耕す、造る、売買して利潤を得る、ということをしない武士とは何か。武士とは、忠・信・義を尽くすのが仕事である。農工商の者はそれぞれの職業に忙しく暇がなくて道徳に尽くす日常を持てない。武士は農工商の仕事をさし置いて道徳に専念できる。人倫社会を乱す者を罰して正しさを保つ。だからこそ武士は、文武の徳と知恵を備えるべきなのだ」。

素行が主張しているのは、泰平の世の「士道」こそが世間全体の倫理規範になる、ということであろう。農工商者が生産に従事して多忙な分、武士が学問・道徳を請け負って万民の模範になれ、と語る。主人への奉公の「忠」、朋友との交わりでの「信」、わが身を慎む「義」といった儒学用語も援用しながら、武士は人の道のリーダーになれ、と語る。それが「士道」論である。

素行は、朱子学の観念的・形而上学的側面を批判し、現実的・実用的側面のみを重視し、孔子に回帰することから今という時代を考えた。「宇宙の法則」でなく「日常の条理」を、江戸期泰平の時代精神の方位決定として追究した。そして武家という自らの出自も踏まえて、武士に「今の世の指導者らしく、自己統御できる主体性を持て」と訴えた。素行があの時代を席巻する大きな思想家として君臨していたわけではないが、時代を見る目、諸階層の人々を見る目は、先見の明を宿していたと言える。

3　古学に見る「時代精神」の意義

(1)　温故知新のルネサンス日本版

山鹿素行の古学は、その時代を大きく動かしたわけではないが、現代の視線から分析すると、いくつかの社会思想史的意義がある。第一点としては、「ルネサンス日本版」とでも呼びうる存在であったということ、第二点としては、中国思想と日本思想との比較研究に役立つ部分があるということ、第三点としては、「泰平の時代の武士のあり方」の論が、「為政者たる武士」と「階層・階級の形成」を考えさせてくれて、また現代の「平和と軍備の矛盾」に目を向けるヒントになるかもしれないということである。

まず第一点について。「ルネサンス日本版」とまで言えるかは、評価が分かれるところがあるだろう。「古典回帰」については、次に考察する伊藤仁斎、そしてさらには荻生徂徠と比較するとまだ不十分だったろうし、思想潮流の広がりしては、仁斎、徂徠に及ばない（仁斎と徂徠ですらその思想が日本中に流布したとまでは言えないが）。しかし、一六〇〇年代当時の朱子学「官学化」と林家の江戸幕府への影響力の大きさ、他方での陽明学の「民の学」としてのひそやかなブームを考えると、「朱子学でも陽明学でもない。おおもとである孔孟思想に帰ってみよう」という試みは、原点回帰によって「本物」を再発見・再認識するという思想研究手法の実践と言える。山鹿素行が誰よりも朱子を適切に批判し孔子を正確に理解していたとは言わないが、政権と庶民生活の安定ができ上がりつつある時代に、朱子学を幕府秩序に形式主義的にあてがうよりも、実践的人間学としての孔子そのものの学に活路を求めるほうが意義があると考えたことは、一つの見識と言える。

しかもたんなる復古主義ではなく、古典研究を今の時代にどう生かせるかを考える「温故知新」の意識は十分にあったと見られる。素行は古代史研究者ではなく当時最先端の諸学を貪欲に吸収していたし、地球球体説を認めるなど新しい「時代の科学」を受け止める度量も備えていた。新しい兵学も研究していた。そして最大の関心は何より、『泰平の世になりつつある今、武士はどう生きるべきか』であった。時代精神を考え、語る知恵人として、素行は社会変動を説明する先行ランナーであったと言える。

(2) 日本の「中朝」、中国の「中華」

次に第二点について。朱子学から孔子研究にさかのぼる中で、そして神道や仏教も学ぶ中で、素行は日中比較思想史研究をいくらか始めていたと言える。その営みは、現代の我々が文化比較や思想比較を試みる先行事例になっている。素行が『中朝事実』で日本伝統の優位性を主張した、と先に述べた。「中華思想」の中国よりも優位にあるのが日本である、という「中朝思想」を主張したのである。こうした「自己中心的」思想は、グローバリズムと歴史的文化的相対主義を考慮すべき現代にあっては、もちろん批判対象となる。しかし、その時代時代の自己や自民族の立ち位置を考えるときにどんな発想が生まれやすいかを研究し、現代の我々でさえ陥りかねない思考回路をまさに相対主義的に反省する際の手掛かりになる。

実際、ヨーロッパにも自分たちを中心に世界が回っているかのような思想は古くからあって、だからこそ今でもヨーロッパを座標軸とした「近東」「中東」「極東」という呼称が残っている。中国は中国で今も、「中華」人民共和国と名乗っている（ちなみに日本の広島県などの「中国」地方は、古代日本の二大文明圏である近畿と九州の「中間」という意味であって「中央」ではない）。

要は、誰でもまずは自分を座標軸にして空間的意識を広げていくのだという単純な真理がそこに見出されるのであるが、現代の私たちならば、その「単純さ」に甘んじず地理的にそして歴史的に俯瞰して自己を相対化客観化し、自分の先入観を反省する視点を持つ必要がある。今日の宗教対立、民族紛争、ときに散見される独裁国家の存在は、その視点の欠如を物語っており、「自己正当化の思想史的系譜」から学ぶべき点はまだ残っている。

(3)　泰平期の武士の「危機感」

最後に第三点について。「泰平と武闘者」が共存しにくいことは、江戸初期日本のみならず戦争を繰り返してきた人類史の永遠の課題かもしれず、「平和と軍備」は現代にも通じる難題である。とりあえず素行が考えたのは、中世以来の政治を担ってきた武士たちは「農工商」という「三民」の「長」として立派な為政者であれ、道徳的模範者であれ、それが武士階層の存在意義だ、ということである。為政者像としては現代にも通じるし、「政治家らしくあれ。政治屋に堕するな」という発言は今日の政治倫理としてもしばしば主張される。

それはそれとして、私は素行の武士為政者論の「ウラに醸し出される意味」にも着目したい。素行は、「農は耕す民、工は造る民、商は交易売買する民」であることを認め、その裏面で「士」のみが生産活動に貢献していないことを白状してしまっている。だから「暇な分だけ道徳に尽くせ。そしてしっかり治世を担当せよ」と言ってしまうのである。そこに私は、「生産しない階層」としての危機感を読み取る。素行自身は「実は武士が一番の役立たずの〝下の階級〟だ」などと自覚してはいなかっただろう。しかしもしも、この素行の傍らに「初期社会主義思想家」がいたら、「武士たちはこんなことを図らずも白状しているよ。だから農工商の民たちよ、生産を担っているのは我々だという自信も持って、階級闘争に立ち上がれ。勝利の暁には、武士たちをせいぜい用心棒として食わせてやればよい」と語ったかもしれない。

泰平の時代の武士の存在意義を考える思想は、平和を希求しながら自衛の名の下に軍備を整えてしまう現代の参考材料にもなる。「せいぜい用心棒として食わせる」を超えて生産諸階層の財を吸い上げて飢えさせてでも軍備増強に走るのが、諸帝国の歴史であり、今も残存する強権国家の実態なのだから。はたして「士道」は、「武術を使わずに済ますためにこそ道徳で包む政治の哲学」になるのか。あるいは「武力を発動しうる者は民主的市民の代表者であることを自覚せよというシビリアンコントロールの理論」になるのか。とりあえず「武力廃絶論」にはなりそうにないが、「平和と軍備の矛盾」をよりマシに考えるための手がかりにはなりそうである。

関連人物コラム11　山本常朝——「士道」ならぬ「武士道」

山鹿素行は武士道ではない士道を唱えた、と本章で述べたが、では、士道ではない武士道を唱える人物はこの時期にいなかったのか。たしかにいた。山本常朝（やまもと・じょうちょう。出家前は「つねとも」。一六五九―一七一九）である。

佐賀藩で鍋島光茂に仕えた常朝は、光茂死去の時には「追腹禁止令」があったので殉死できず、四二歳で出家した。曹洞宗の仏僧となり隠遁した後、弟子入りした田代陣基に口述筆記させたのが『葉隠』である。「武士道と云ふは死ぬ事と見つけたり」という名文句がある。

「死ぐるい」（つまり死にもの狂い）の行動に直結する忠義を強調する常朝は、素行の分析的達観的な士道を「上方風のつけあがりたる武士道」と批判する。忠義が行動に直結すべきと常朝は考える。ただ、常朝の「即行動」は当時の一般的武士道とも違っていた。

なお、右記の名文句は、特攻隊精神や自決礼讃と解釈されやすいが、死んだ身（捨て身）になって自己利害を忘れた心境でこそ正しい行動がとれる、というのがその真意だとされる。

第14章

伊藤仁斎の古義学と「日用人倫の学」

1　仁斎の「古義」への道

(1)　素行「古学」の批判的継承

山鹿素行の古学を発展的に継承し、「古義学」として深めたのが伊藤仁斎（いとう・じんさい。一六二七―一七〇五）である。仁斎は、朱子学を批判して儒学の古典に回帰する、という点では素行と同じだが、より徹底して孔子と孟子に密着し、「そのもとの意味＝古義」を明らかにしようとして「古義学」を提唱した。古学派の第二派と呼べるが、素行「古学」をも批判するところに仁斎「古義学」は成立し、日本思想史研究では「仁斎学」と呼ばれてしばしば参照される。

伊藤仁斎から見れば、山鹿素行は古典回帰といっても「四書」（『論語』『孟子』『中庸』『大学』）などの解説に引きずられてしまっていて本当の孔孟思想に立ち戻れていない、となるのである。素行は朱子を批判するにもかかわらず四書の権威に服し朱子が四書を読んだ際の訓古注釈を受け入れている、というのが仁斎から素行への批判である。そして、『大学』は孔子からはずれた解釈になっているから排除し、『論語』『孟子』のみを正典として（『中庸』は一部分のみを認めて）、その「血脈」（思想本来の骨格）を理解すべきである、というのが仁斎の立場である。

(2)　仁斎の若き葛藤と古義学の誕生

伊藤仁斎は武家の出ではなく、京都の堀川の商家に長男として生まれた。幼少期から非凡な学才を示し、家業を継ぐか、そうでなければ医者になることを期待されたが、本人が望んだのは儒者の道であった。まずは朱子学に傾倒し、二九歳から八年間「引きこもり」状態で独居独学を続けた。陽明学、仏教、道教（老子、荘子の思想）と迷い悩み学んだ末に、儒学のルーツである孔子へ回帰し「古義」を解き明かすことを使命とした。三六歳で実家に戻り、私塾を開いた。塾は、はじめは「同志会」という京都仲間の古典研究ゼミナールが主だったが、やがて日本全国から門弟が集まる「古義堂」となる。『論語』をこそ最上の書とし、『孟子』をその正しい解説書として、これら二書の注釈を（朱子の『四書集注』を飛び越えて）綿密に行い、『論語古義』『孟子古義』としてまとめた。仁斎のこれら注釈研究は、やがては中国の研究者にも評価され、中国儒学者が「仁斎学」を通して孔孟思想を学ぶ姿も生まれた。

私塾を開くのでなく仕官の誘いを受け入れて武士たちに儒学を教える道もあったが、それを断り、京都の町人階層に儒学を教える道を、仁斎は選んだ。引きこもりから「帰還」したあとは、心配をかけた父母にも孝行し、画家尾形光琳の従姉と結婚し、公家たちとも交流し、「京都町衆」（商人と手工業者の上層町人自治組織）の中心人物の一人となった。七九歳で死去するまで、弟子たちに教えることと儒学の諸テキストに注釈をつけ続けることに没頭した。

古義堂は仁斎の子孫に引き継がれて伊藤家の家業となり、ここに「古義学派（堀川学派）」が多数の門弟とともに育っていった。仁斎学は、江戸期にずっと隆盛が続いていったわけではないが、代々教え継がれ、明治維新後の立憲政治の立役者である西園寺公望も若いころには仁斎の末裔に教えを受けている。

(3) 朱子学批判と孔子への回帰

さて、伊藤仁斎の朱子学批判、という論点に立ち返って話をまとめよう。仁斎の批判はこうである。朱子学には、孔子・孟子より後の老子・荘子思想も流入していて、あるいは仏教的世界観に影響を受けた部分もあって、儒学の解釈としては不純物の混入で出来上がっているところが多い。それに、「天の理」を軸とした朱子学の体系論は、あまりに抽象的すぎて難解である。宇宙をつかさどる法則はあるのかもしれないが、その「天空の理屈」をもってして、人間の心性や理性の成り立ちを、そして地上で人々が織りなす世情や倫理までを語るのは、現実離れしている。本来の孔子・孟子思想は、日常の人間関係の学としてあり、「人の道」をもっと率直に明快に説いたものではなかったのか。天上の神学もどき、巨大空間の物理科学もどき、そんな大風呂敷を広げて見せるのではなく、「教えやすい」「わかりやすい」そして「わかりやすい」常識人の道理、これこそ孔孟思想の主眼なのではないか。

以上のような考えをもって仁斎は、「古義」に立ち返るためにも、朱子学の書物も丹念に検討し、徹底して朱子学を批判した。この時代にここまで朱子の著作を一条一句取り上げては論難し尽くした人物は、他にいない。それゆえ、当時の中国（そして朝鮮）の儒学者までが仁斎の（ただし東涯編集の）著作に着目したのである。ちなみに、当時の著作は全て漢文つまり中国語で書かれていた。中国への逆輸入は翻訳を経ずとも可能だったのである。

2　古義学の精神と「日用人倫」

(1)　京都町衆の日用人倫

それでは、伊藤仁斎は、「古義」をどう再発見し自分たちの時代の「道」をどう位置づけようとしたのか。「官の学」である朱子学を全面批判し、「民の学」として傍流ではそれなりの地位を得ていた陽明学とも違って、太古の「原典」に拠ることで、どんな「今、ここ」の人倫道徳を見出したのか。

仁斎にとっての「今」は、素行のころよりも数年あと、天下泰平が深まりつつある幕府支配の時代である。そして仁斎にとっての「ここ」は、武家政権中枢の江戸とは離れ、商業力では当時まだ江戸を上回り公家社会の風土を残す京都、その「町衆」の家々である。「武人の倫理」よりは「町人の倫理」を志向したであろうとは推察される。ただし、その内容を見ていくにつけても、仁斎の思想が、江戸前期・京都・町衆という時代性・地域性・階層性を超えうる、普遍的な人倫学であり政治哲学であることを、私は深く感じ入るのである。仁斎自身の言葉を借りれば、

「日用人倫の学」として仁斎思想は存在したのである。

(2) 「仁義礼智」から「誠」の道へ

古義学が説く「学問し徳を積む道」、それを孔子に依拠して端的に述べれば、まずは「仁義礼智」である。これを学びの「本体」とし、それを実践する心がけである「修為」として「忠信敬恕」が挙げられ、文脈によっては「忠信孝悌（弟）」が挙げられる（江戸後期の読本『南総里見八犬伝』に登場する八犬士は「仁義礼智忠信孝悌」各一字ずつの八つの玉を持っていた）。どの文字もそれぞれに意味はイメージできそうだが、少し難しいものだけ説明すると、「恕」は「他人の立場や心情を察して思いやること」であり、「悌」は「弟」とも書くように「兄弟・長幼の情を厚くして年長者には従順であること」である。

仁斎が特に重視するものはと言えば、やはり「仁」である（彼の幼名は源七で、朱子学に傾倒していたころはその理念「居敬」から敬斎と号し、孔子に立ち返ってから仁斎と号した）。さらには、上記の文字にはないが、「愛」が、そしてさらには「誠」が、仁斎の鍵概念となる。「仁と愛を人の道として実践せよ。その際には誠を心に置け」というのが仁斎の根本命題である。仁斎思想をわかりやすく説いた『童子問』の一節を私なりに要約すれば、「仁（思いやり）は偉大な徳であるが、これは愛という言葉で言いつくせる。君臣、親子、夫婦、兄弟、朋友関係、いずれも愛でつくられれば実（本物）となり愛がなければ偽（にせ物）となる」ということである。

そしてこの「仁愛」を実とし偽としない「真実無偽」の心、いつわりを持たない純粋な心情を「誠」と呼ぶ。「誠ならざれば仁にあらず」と語り、心に誠をもって愛という仁を実践せよ、と訴えるのである。この「誠」は、江戸時代の日本人精神の表現として後々にも取り上げられ、例えば幕末に尊王攘夷派制圧に動いた新撰組も（仁斎学に沿っていたかは別として）「誠」を旗印に掲げていた。

(3) 古義に依って立つ「仁」と「愛」と「誠」

孔子に立ち返った仁斎の思想を、その「古義」を、私なりに理解してもう一度通覧してみると、以下のように説明できる。人の徳として第一に来るのは、朱子の言うような天の「理」ではなく、「仁」という思いやり、いつくしみ、慈愛の心である。「仁」のすぐ次には「義」が来て「仁義」という言葉にまとめられやすいが、これは「為すべきことを為す」という意味の「義」が、「仁という慈愛の心を人々に広げる営みはまさにまず為すべきこと」とされ、これが文字通り「仁義」だからである。

この仁義に基づいて、「愛」を人間相互へのいつくしみとして実現することが、人倫（倫理的共同体）の道である。この実現のためには、「誠」すなわち実直さを持つこと、より具体的には「忠信」すなわち自分の真心を込めることと相手をあざむかないことを実践することが大切である。

人間の日常を動的、関係的に捉え、人倫を固定的一方的でなく相互的に考えるというのが、仁斎の孔子古義理解である。上下秩序に固められやすい場面、例えば君臣関係でも、臣下が君主に忠義を尽くすなら君主も臣下に思いやりを示すという形で、相互的な仁愛が果たされることを、仁斎は目ざしている。「性善説派」である孟子にも依拠していたから、臣下の忠義に報いる愛を君主は当然備えているはず、ということになるのだろう。

(4) 庶民の人倫教育の場としての古義堂

仁斎は、大名細川家あたりから仕官の誘いがあったらしいが、断って京都に塾を開いた。武家出身の山鹿素行と違って自身が京都町衆の人間だからという出自による面もあっただろうが、それよりも、万民の道として、武士にも庶民（といっても上層民だが）にも共通する人倫思想として、儒学を深め広げたい、という思いが強かったのではないか。学問を、武士階層のみのたしなみとせず、町人の日常生活に意味を持たせる営みとしたい、という思いもあっただろう。だからこそ「日用人倫の学」と自ら呼んでいたのである。泰平の安定期に入って商工業者もそれなりの誇りを持って生きる時代が、始まっていたとも言える。

孔孟思想も老荘思想も、「聖人の道」を説きはするが、孔子の原典に立ち返れば、「庶民の人倫」こそがテーマであるとの解釈が成り立つ。たしかに、孔子の「教えやすくわかりやすい」人倫の徳は、上級武士だけでなく人々全てに及んでよい。「知があり徳の高い為政者」の存在を否定はしないが、庶民も黙って従うのでなく徳を学んで人倫形成に参与すべきなのである。じっさい京都町衆は自治活動を行っていた。儒学を聖人君子の独占的な知にはしないこと、それこそが古義堂という「日用人倫」教育の場の存在意義だと、仁斎は自覚していたのであろう。

3　「仁斎学」の社会思想史的意義

(1)　古典回帰ルネサンスの徹底

以上に述べたように、伊藤仁斎の研究手法と教育手段と思想内容は、時代にかなう、時代を切り開くものとして注目に値するが、ここで改めて、あの時代と社会を受け止め次のステージをもたらす社会思想史的意義のあるものだということを、三点で整理しよう。第一点は、山鹿素行よりも徹底した古典回帰のルネサンスだったということである。第二点は、町人教育、庶民教育によってある種の「中産階級」形成に貢献したと言えるのではないかということである。第三点は、仁・愛・誠の日用人倫の学で「教養市民」の育成を試みたことである。ただしこれは「早すぎる試み」に終わった面もあるが。

ではまず第一点について。「朱子を超えて孔子へ」という思想の歴史的意義は高く評価できる。原点回帰の発想は歴史の転換期や開拓期にときどき見られるが、仁斎の、素行よりも徹底した古典研究は、まさに「仁」のルーツを追うことで新時代の思想を築くものとして、エポックメイキングであった。これぞ「ルネサンス」である。儒学・儒教の歴史全体においても、儒学を受け入れつつ自国の伝統に同化させた日本人精神の形成史においても、仁斎学は確実に一ページを飾るものである。

朱子学は「宋学」とも呼ばれ、宋王朝（一〇―一三世紀）、明王朝（一四―一七世紀）に大きな影響力を持った。この中国本土でも朱子学への批判的研究はやがて出てくるのだが、その批判的研究のテキストの一つとして仁斎学は貢献したと言われる。中国思想史に先んじる中国古代思想研究が日本に存在したということになる。先見の明あり、である。中国古典の真の意義を読み解く日本人がいて、その読み解き方が中国の新時代に手本として取り入れられたわけである。この点でも仁斎には、山鹿素行を上回る存在意義がある。

(2) 日本における中産階級の形成

次に第二点について。仁斎は、林羅山流朱子学のように「天の理」を説いて地上の上下秩序正当化に利用することをしない。あくまで「本来の儒学」に「日用人倫」実践学としての今の息吹を吹き込もうとする。「聖人の知」をもって支配者の帝王学を作ることをしない。あくまで庶民教育の側に立ち社会全体のレベルアップに貢献しようとする。ここに日本的「中産階級」形成の姿を見て取れるのではないか。

古義堂は、最下層農民を集める塾ではなかったが、京都の町人たちの拠り所の一つとなり、日本全国から教えを乞う者（京都まで出かけて学ぶ〝余裕〟のある者たちではあるが）が集まった。ある種、全国レベルの知的集団がそこに形成されたのである。京都町衆の底上げ、結束力強化にも役立っただろう。江戸の喧騒とは離れたこの地で「仁」を説き、「誠」を語る。言っている内容は「普通のヒューマニズム」とも見えるが、天賦の学才を持つ者が八年もの「引きこもり」の末にたどり着いた「研ぎ澄まされた常識」である。江戸と離れていればこそ、「武よりも文」の

「仁政」「王道」も議論できた。時代の風が別の吹き方をすれば、日本なりの「民主と自治の小都市国家」ができていたかもしれない。

(3) 近代的「教養市民」の育成

最後に第三点について。今、第二点として述べたことにつなげれば、「中産階級」は「教養市民」でもある。ヨーロッパルネサンスにおいては、イタリアなどの富豪が芸術家を抱えて文化を花開かせ、彼らこそが「教養市民」と呼ばれるし、少し時代を経て一九世紀のドイツでは、「教養市民層」が近代化の一つの波を作ったと言われる。日本の「京都町衆」も、学問者・政治哲学者であるばかりでなく文化の素養も備える「教養市民」であったと言えるだろう。

仁斎は、京都公家階級とも交流し、彼らに講義をしたり共に茶会・歌会を催したりもした。仁斎の妻が、多才な芸術家であった本阿弥光悦の兄弟のひ孫であり、画家でも陶芸家でもあった尾形光琳・乾山兄弟の従姉であったことからも、仁斎の交友関係は文化と芸術に彩られていたことが想像できる。場所は朝廷の歴史のある京都であり、時は江戸前期で京都（および大坂）の経済力はまだ強い。「江戸の成り上がりの武骨者たちにはわかるまい」というアイロニカルな誇りを持って、彼の周囲に「教養市民」は密やかに育まれた、と私は見ている。

第二、三点として「中産階級」「教養市民」の萌芽を指摘したが、現実の歴史は、芽を芽のまま置き去りにする。江戸中期の儒学は「支配者・上に立つ為政者の学」に戻ってしまうし、文化と経済の中心も江戸中央集権都市に持っていかれてしまう。古義堂門下生も年を追って減っていく。ささやかに受け継がれてはいったので、芽が根絶やしになったとまでは言わないが、その「先見の明」はやはり「早すぎた試み」だったのだろう。仁斎学を大転換期として日本の近代化が始まるという姿を、歴史は示さなかった。そうだとしても、その「試み」を私たちは思想史として共有することができる。

関連人物コラム12　伊藤東涯——仁斎学というより仁斎・東涯学？

仁斎は死去するまで、教えることと諸テキストに注釈をつけることに専念していたので、著作の決定版は出していない。よって『論語古義』も『孟子古義』も『童子問』も、編集して出版にこぎつけたのは、長男の伊藤東涯（いとう・とうがい。一六七〇―一七三六）である。仁斎の五人の息子はいずれもすぐれた儒学者となり、源蔵・重蔵・正蔵・平蔵・才蔵を合わせて「伊藤の五蔵」と呼ぶ。この源蔵が後の伊藤東涯である。朱子学と神道を融合して「崎門《きもん》学派」を形成していた山崎闇斎（やまざき・あんさい。一六一八―八二）の「闇斎塾」が京都堀川の西岸にあり、かたや「古義学派」の「古義堂」は東岸にあったので、「東涯」と号したと言われる。

東涯自身が有能な儒学者であり、『論議古義』などの編集に当たっては仁斎の原稿に訂正を加えたとされる。よって我々が目にするのは純然たる「仁斎学」ではなく「仁斎・東涯学」であると言える。そこの厳密さにこだわる研究者は、「仁斎によると……」でよさそうな文脈でも必ず「仁斎・東涯によると……」と表記している。

第15章

荻生徂徠の古文辞学と「為政者責任」

1　徂徠の古文辞学の確立

(1)　素行から仁斎へ、そして徂徠へ

山鹿素行の「古学」、伊藤仁斎の「古義学」と来て、次は荻生徂徠（おぎゅう・そらい。一六六六―一七二八）の「古《こ》文辞学《ぶんじがく》」である。古学派の第三派と位置づけることができる。朱子学を批判し儒学の「本来の」あり方を中国古典に求める、という姿勢はこの三者に共通している。そして、朱子学批判の仕方、古典回帰の仕方において、素行よりも仁斎が徹底しており、仁斎よりも徂徠がもっと徹底している。

三者の相違ということで言えば、素行は私塾で庶民教育に当たったという点では仁斎と似ているが江戸に住んで主として武士のあり方を説き、仁斎は仕官を断ってまで京都にとどまって町人階層に「中産階級教育」を実践し、徂徠は私塾も持ったが林家（林羅山の子孫）に学んで一時は幕府の役職にも就いた。素行がやや「官」寄りなら、仁斎は徹底して「民」に身を寄せ、徂徠は「官」の中枢部にいたということになる。徂徠思想は江戸中期後期には多大な影響力を持ち、仁斎思想に「仁斎学」という呼称がある以上に、徂徠思想には「徂徠学」という呼称が確固としてある。

(2)　徂徠の遍歴と朱子学徹底批判

荻生徂徠の父は後に五代将軍となる徳川綱吉の侍医であったし、弟も後々八代将軍となる徳川吉宗の侍医となる。ただし、父は綱吉の怒りを買って上総（千葉県）に流されることになり、徂徠もその地で一四歳から二五歳まで貧しさに耐えながら独学することになった。多感な一一年間を江戸から少し離れた地で暮らしたことは、結果的には

徂徠に客観的な視点を育み、政治哲学の深化に役立ったと見える。

二五歳で江戸に戻り私塾を開き、三〇歳で綱吉側近の柳沢吉保に取り立てられて政策助言者となった。ただし、綱吉の後の家宣、家綱の治世で中心政策者となったのは新井白石であったし、吉宗の治世となると「享保の改革」が始まる。徂徠は、幕府から離れて改めて私塾を作り、ここで「徂徠学」を樹立していく。吉宗からの依頼もあって政策著作を差し出すことはあったが、それが実際の政治を動かすことはなかった。それでも徂徠は多くの門下生を育て、『弁道』『弁名』『太平策』『政談』などの著作は後世にも高く評価されている。

徂徠の思想遍歴もやはり、まずは朱子学に依って立つ。しかしやがて、朱子学を痛烈に批判して「古」に徹底的に回帰しようとする。孔子（紀元前六―五世紀）と孟子（紀元前四―三世紀）はもちろん、堯や舜（紀元前十数世紀ころ）、文王や武王（紀元前一一世紀）といった君子たちの「聖人」治世伝説まで掘り起こす。あの時代から何千年も経て中国語も変遷しており、中国での儒学解釈書もそれぞれの歴史文脈にまみれているのだから、その果てにある朱子学などもはや「憶測」であり「虚妄」である、と徂徠は切って捨てる。

(3) 古文辞学という文献実証学

ではどうするか。まずは現代中国語を学び、次に歴史をさかのぼって学んで古代中国語も会得する。歴史的変遷を理解して古語も理解して、孔子・孟子の言葉を、「聖人伝説」を、直読直解する。「漢文」に返り点や送り仮名をつける「訓読」すら許さない。古代中国語を古代中国語のままの文字列と語義で読み解く。だからこそ「古文辞学」と称するのである。

伊藤仁斎も「古義」にはこだわったが、中国の日常語、そして日本人の日常感覚に還元するという目的を持っていた。「古」の「文辞」に密着する徂徠の手法は、仁斎と真逆とさえ言える。徂徠の手法は、最も徹底した文献実証学であり、現代の文学者、歴史学者にとっても大いに教訓となる。これと同列の手法を遂行できる学者は滅多にいないだろうが。

こうして「古」の「文辞」にたどり着いた徂徠は、仏教思想や老荘思想が解釈に混ざるという「悪影響」を飛び越えて、中国古代の「聖人」とその治世に人間本来の「道」を見て取る。その理想を政治哲学として今（つまり江戸社会）に生かそう、というのが徂徠学なのである。根底的という意味でも急進的という意味でも「ラディカル」すぎる思想だったので、時の江戸幕府を動かす現実的政策論となることはなかったが、周囲の文才ある人々も舌を巻くほどの文献考証力と、大胆な発言を伴う政治考察力は、強いインパクトを持ち多くの門人を集めた。

山鹿素行の時代よりも天下泰平は進み、伊藤仁斎の時代よりも江戸は政治のみならず経済でも文化でも中心地となっていた。武士の存在意義、江戸幕府の存在様式は、より深く問われる。徂徠学は仁斎学にとって代わって「時代の学」となっていったのである。

2　治世の学としての「経世済民」

(1)　「先王」「聖人」による政治の道

荻生徂徠が「古文辞」を基底に据える政治哲学とは何か。その鍵概念を先に挙げておけば、今日の「経済」という語の元となった「経世済民」であり、中国古代の理想の治世者を模範とする「先王の道」であり、天下を安んずるための制度設計としての「礼楽刑政」である。

徂徠は古典直読の「本物の」儒学から何を学んだか。それは、「道」とは個人の修養を求める「道徳」ではなく天下を安泰に治める「政治そのもの」のことである、という命題である。古代中国には理想の政治があったとされ、堯・舜・文王・武王などの名が「聖人」として伝説のように語り継がれている。

徂徠は彼らを、「人格者」として高く評価するのでなく「統治者」として高く評価する。「聖人の道」とは、朱子学の言うような「居敬窮理」による人間本性の追究などでは全くなく、「天下国家を治むる道」（『太平策』にある言葉）なのである。つまり、多くの儒学解釈が「個人の道徳」を、さらにはその前提として朱子学のように「天の理」を追究して、政治的な意義はその帰結の一部にすぎないとしたのに対して、徂徠は、政治的価値をこそ第一に求め、現実政治の道を拓く人間像を端的に求めたのである。

(2) 「経世済民」と「礼楽刑政」

徂徠からすれば、仁斎ですら「四書」の評価に振り回される「古言を知らぬ」主観的解釈者であったし、結果としてヒューマニズム論に「陥っている」と見える。徂徠は「古文辞」を知ることで仁斎と一線を画し、儒学とは治世のための政治学そのものだという見解に到達したのである（ヨーロッパ思想史と比較するなら、「自然法」に「理」を見つけてそれを重視する「契約社会」を考えるのではなく、制度制作の「実定法」が政治哲学そのものだと考えるのが徂徠学だ、ということになる）。

ここで、先に第一の鍵概念として挙げた「経世済民」、つまり世を「おさめ」民を「すくう」正しいあり方が、儒学の端的な目標として見出される。徂徠は「四書」よりも「五経」（『詩経』『書経』『易経』『春秋』『礼記』という、「四書」と並び称せられる儒学テキスト。「経書」とも呼ばれる。早くに失われた『楽経』も含めれば「六経」となる）を重視していたが、それは「五経」の方が古代の聖人たちが制作した制度文物が客観的に記述されていると考えたからである。そこにはまさに、「世を経営して民を救済する」実践が書かれているのだから、それを解説書を経ずに直接読み取ればよい、というのが徂徠の考え方である。

その実践記述が、第二の鍵概念として挙げた「先王の道」と表現される。孔子が受け止めていた堯・舜らの伝説を「古文辞」から読み解けば、これら聖人の治世が「先王の道」として見えてくる。これを模範とせよ、というのが孔子の真意だ、というわけである。孔子は「仁」を強調するが、つまりは君子たる者は「仁」をもって「民の父母」になれ、その模範が「先王」たちに示されている、というのが徂徠の解釈である。

では、その「経世済民」を実践する「先王の道」には何があるのか。それが第三の鍵概念として挙げた「礼楽刑政」である。先王たちは、民を安泰に治めるために「道」を「制作」した。何も「自然の理」を発見して人の世に応用したわけではない。治世そのものが学であり知である。この天下を安んずる「安天下」の道はいかにしてなされるのか。制作した制度が「礼楽刑政」である。まずは「礼楽」。王朝を開く君子は、人情や風俗が変化し堕落しうることを予見して、それを制御できるように「儀礼と式楽（儀式をまとめる音楽）」を定めた。そして「刑政」。人間が相互に節度を持てる社会を作るには、「刑罰も時には含む政治の秩序」が必要である。このように徂徠は「よき制度」を考えた。「礼楽刑政」を整えることが安天下をつくる、と考えたのである。

(3)「農」「工」「商」の役割と「士」の為政者責任

徂徠はこの「理想治世」を是とし、江戸社会もそうあれ、と訴える。君主とその補佐者は「礼楽」をしっかり設計して国を治め、その他の「小人」はそれぞれにふさわしい徳（例えば「孝」）を育んで役割を果たし協力して社会を形成せよ、と語る。『徂徠先生問答書』の一節を私なりに要約するとこうなる。「農は耕して人を養え。工は作って人に物を与えよ。商は交易して人の手伝いをせよ。士はこれらが乱れぬように治めよ」。

これは役割分担による協同社会の論とも言えるが、やはり主要となるのは「士が治めること」であり、君主と武士階級役人たちの「礼楽」設計である。「安民」を達成するためには為政者たる武士階級の設計力と実行力が責任を持って発揮されねばならない。「士」がこの責任を果たさなければ、「武断政治でなく文治政治」となった泰平の世に武士の存在意義はなくなる。

徂徠は、中国の「先王」の治世を学んだからこそ、今の江戸社会に「武士の為政者責任」を強く求める。具体的な政策として徂徠の提言が幕府に採用されることはなかったが、例えば武士は都市生活者に堕することなく地方に土着して農村ごとの統治責任を果たせという『政談』の提言が実行されることはなかったが、泰平と中央集権化が進む時代において、徂徠の「為政者責任論」は江戸社会の人々に、注目を持って読まれ、語られたのである。

3 「徂徠学」の社会思想史的意義

(1) 武士の政治学と為政者責任論

古典を類まれな徹底的方法で解釈して、その知的成果を当時の江戸社会に投げ返して、「今の現実」の問題意識を研ぎ澄ませる徂徠学は、社会思想史的に大きな意義を持つ。以下、三点に整理してその意義（および問題点）を述べよう。第一点は、古典回帰から儒学を「政治学」として再発見し、「為政者責任」を主張したことである。第二点は、これはむしろ問題点指摘ということになるが、「先王の道」を模範として「士」の役割を説くことはある種のエリート主義であり、武士支配を正当化しているということである（裏を返せば、農工商を為政とは別の役割者として理論づける必要に迫られていたということだが）。第三点は、「古文辞学」という「最も徹底したルネサンス」を示すことで、「中国の古典？　ならば日本の古典も見るべきでは？」という意識を喚起し、本居宣長の「国学」などにつながったことである。

ではまず第一点から。荻生徂徠は、「古学派の最終ランナー」として朱子学の「天の理」を批判し、「天の理」とは別の「人の性」を説く伊藤仁斎からも離れて、「古典から学ぶべきことは儒学を政治学として生かすことである」との結論に達した。孔子の真意はそこにあるとし、孔子が見ていた「先王」たちに「人の道」を政治そのものとして発掘した。その見識をもって、彼が生きた時代を見通し、「武士階級の為政者としての責任」という政治哲学の提言を行った。直接に幕府政治を動かすことにはならなかったが、当時の人々、特に知識階級化しつつある武士たちから大いに注目され、批判的・自己責任的知性を日本に育む一里塚になった。

現代の私たちは、徂徠の著作や記録から、また当時の人々の受け止め方から、江戸中期というのがどんな時代だったのかを知ることができる。また、武士という側面を別として、為政者責任とは何なのかを、今日的文脈に照らしながら考えることができる。徂徠の歴史的意義は今も感じられるし、徂徠の文献考証学が当時の中国（そして朝鮮）でも一部注目されたことを知ると、国境を越えた学問文化の相互理解・相互批判が持つ意味についても目を開かされる。

(2)　「士」は支配者？　それとも非生産者？

次に第二点。徂徠の「先王」「聖人」の政治を理想とする思想は、「安天下」「安民」を目的にしているとはいえ、知恵ある一部の者が政治を担って他の者はそれに従えというエリート主義である。徂徠は、「農工商の民」のそれぞれの役割も説き、助け合いの協同社会だぞと語りもするが、結局は「士」の支配を正当化している。それは、ここまで時代が進んだのに、いまだに「市民」的目覚めを許さず「自主・自治」的発想を封印するという、「守旧派」の思想ではないか。徂徠自身が武士階級の世界にいたのだからそうなるのも無理はないが、どこか「近代への予見」はないのか。このように、意義というよりは問題点が指摘できる。

ただこれに関しては、私は山鹿素行の「士道論」について論じたときと同じ認識、いや同じどころか一層深まった認識を持つ。素行の「士道」は、泰平の世で武士はどう生きるかという悩みであり、「農工商は生産活動に忙しいのだから武士は政治をしっかりやろう」というのが結論であった。それは、非生産者である武士階級の危機感を白状したことになる、というのが私の認識であった。徂徠の時代に至ると、この「危機感」はますます強くなったのでないか。素行はもとより徂徠でさえも、「武士側の危機」という自覚は顕在化していなかったと考えるが、私に言わせれば、「武士たちよ、せめて為政者責任ぐらいは果たせ。そうでないと〝お前たちはもういらない〟と農工商者たちから言われる日が来るかもしれないよ」と語っているようなものである（ちなみにこれをヘーゲル哲学では、「主人と奴隷の弁証法」と言う。奴隷が「働いているのは俺たちだ。主人たちは生産能力もないのにふんぞり返っているだけだ」と気づいてしまったら、主人と奴隷の立場は逆転する。――『精神現象学』一八〇七年）。

(3) 徹底した古典回帰と、国学の招来

最後に第三点。荻生徂徠の「古文辞学」は、「古典回帰というルネサンス日本版」の最も徹底した形であった。古代中国を一つの模範とし、日本の今（江戸泰平期）を考えたわけである。そうした営みはその副産物として、「もう一つのルネサンス日本版」を生むきっかけとなったのである。山鹿素行の「古学」、伊藤仁斎の「古義学」もそうだが、見ているのは「中国」の古典である。これが古学派の第一波、第二派、第三派として行き着いた姿を見ていた知恵人の中に、「古典を研究するなら日本のものをこそ研究して原点回帰すべきだ。〝日本の今〟を考える参照材料は〝日本の古代〟にこそ見つかる」という発想を持つ者が出てきても、不思議ではない。

中国とて、中世・近世と何度も王朝の交代があり、歴史過程は乱れた世の姿をさらしている。あまり「模範」は見つからない。それに、古代の堯・舜の「伝説」をあまりに理想化するのも疑問の余地がある。そもそも今の日本社会のルーツは日本の古代に探すのが当然であり、対岸の地の過去に模範を求めるよりも、日本のルーツに理想的

部分があるならそちらを参照する方がよほど適切ではないか。こうした発想の結実の一つが、本居宣長の「国学」である。その話は、また次の章で語ろう。

関連人物コラム13　室鳩巣――赤穂「義士」をめぐる徂徠の論敵

赤穂事件のあと、あの四六士（四七士とも）は「義士」と呼べるかをめぐって、徂徠の論敵となったのが室鳩巣（むろ・きゅうそう。一六五八―一七三四）である。一七〇一年、赤穂藩主浅野長矩（あさの・ながのり）が吉良義央（きら・よしなか）に斬りつけて切腹させられると、翌年に大石良雄をはじめとする赤穂浪士が義央の首を取って復讐し、後に切腹を命じられた。この復讐劇は義挙かが論争となり、彼らを「義士」とほめたたえたのが室鳩巣、幕府秩序に反する者と断罪したのが荻生徂徠である。

朱子学者木下順庵の教えを受けた室鳩巣は、四六士が切腹した年に『赤穂義人録』を書き、彼らを「義士」とたたえた。復讐直後に一人が大石の命令で浅野の子孫に報告するために抜け出したので実は「四七士」だ、という説もここに書かれている。鳩巣は、主君の仇討ちを義と肯定した。ただし、幕府の四六士切腹処分とは矛盾しないとした。これに対して荻生徂徠は、浅野長矩の切腹は幕府の命令であって吉良は「主君の仇」ではないし、浅野の斬りつけ自体が恨みの軽挙だから赤穂浪士は主君の「邪志」を継いだだけで義はない、と主張した。

第16章

本居宣長の国学と「日本人精神」

1　宣長たちによる「国学」の誕生

(1)　中国古典「古学」から日本古典「国学」へ

日本の古代から江戸初期まで、日本の学問研究に日本独自のものは少なかった。多くは中国伝来であり、仏教も発祥はインドで中国を経て入ってきた。何よりも学問知識を書きとめる文字が「漢字」であり、それを平たく崩した「平仮名」や一片のみを取った「片仮名」は作られたが、文書記録は「漢文」で書かれることが多かった。表記のみならず内容も、まずは中国テキストに依拠しがちで、それを超えるということは簡単ではなかった。儒学、特に陽明学は日本独自の進化を遂げたし、「古学」「古義学」「古文辞学」という古学派（私は日本版ルネサンスと見ている）は、同時代の中国をも凌駕する研究成果をもたらしたが、出自は中国であった。

こうした江戸期が幕府安定の中期に入ると、中国の影響をあえて排除した日本人研究、日本史研究の思想が生まれてくる。その先陣を切ったのが「国学」である。『古事記』『日本書紀』『万葉集』といった日本オリジナルの古典（文字は漢字だが）を、文献実証学的に研究し、そこに日本独自の精神を見出そうとした江戸中期の学問研究を「国学」と呼ぶ。「鎖国」とはいえ中国やオランダの情報は長崎経由で入ってくる。世界の近代化も間接的には感じ取れる。「ライバルの存在」を意識した人間は、「自分とは何者か、どうあるべきか」を問い始める。民族意識は駆り立てられやすい。そこに「わが国らしさを知る学」が生まれるのである。国学は契沖（けいちゅう。一六四〇—一七〇一）に始まり、荷田春満（かだの・あずままろ。一六六九—一七三六）そして賀茂真淵（かもの・まぶち。一六九七—一七六九）に受け継がれ、本居宣長（もとおり・のりなが。一七三〇—一八〇一）によって大成されたと言われる。

国学の日本古典実証研究は、一七世紀中盤から一八世紀初頭の古学派から強く影響を受けている。古学派が中国古典にさかのぼって文献実証学を深めていったのを見て、「古典に回帰することで自らの思索を深めるのなら、その古典とは中国にではなく日本に探すことこそ王道ではないか」と着眼したのである。その日本古典、日本人の精神的ルーツと考えられたのが『古事記』『日本書紀』『万葉集』だったのである。

本節では、国学大成者とされる本居宣長の人生を振り返ることで、彼の国学への接近とその深め方を見ておこう。

(2) 宣長の『古事記伝』への道

本居宣長は、伊勢の松坂（今の三重県松阪市）で木綿仲買商の小津家に生まれた。一一歳の時に父親が死に、商売見習いを始めたが関心は薄かった。やがて小津家は商売をやめ、宣長の別の才能を見込んで、彼が二三歳の時に医者にすべく京都に出した。二八歳で松坂に帰った宣長は、医師を開業し、医師を生業として一生を終える。「小津」姓から先祖の「本居」姓に戻したのは京都にいたころである。

当時、医学とは漢方医学であり、漢学である儒学も学ぶことになる。漢学の師となる堀景山は日本古典文学にも詳しく、宣長が、真言宗僧侶で『万葉代匠記』を著す契沖を知ったのも、景山を通してである。その後、宣長は自ら『万葉集』や『源氏物語』を精読し、歴史研究として『日本書紀』も読み、松坂で医師となってからは「昼は医業、夜は古典の研究と講義」という生活を貫いた。

宣長の国学直接の師は、『万葉集』研究の大家、賀茂真淵である。といっても直接対面したのは宣長三四歳の一度きりで、あとは手紙のやり取りでの「通信指導」であった。真淵の伊勢神宮参りの帰り道、松坂での一期一会の対面の時、宣長は「古事記を研究したいのですが」と申し出て、真淵は「自分もやりたいがもう老齢。若いあなたが努力しなさい。順序正しく、土台から一歩ずつ」と励ましたという。

意を決した宣長は、それから三五年かけて努力し、『古事記伝』全四四巻を完成させた。そして晩年には、弟子たちの要請を受けて『うひ山ぶみ』（初めて山に踏み込む人へ、という学問入門書）を書いた。宣長の私塾「鈴屋」（門弟五百人と言われる）は、宣長の死後、実子である春庭（主に歌学を継承）と養子である大平（主に古道学を継承）が引き継ぎ、門弟は千人にまで達したと言われる。

(3) 民間教養人による原典回帰

国学とは、たんに日本古典に親しむことではない。中国古典研究の古学派と同じく、後世の解釈・学説を排除して、古典そのものに原点回帰（原典回帰）して根本の思想を知ることである。解釈の根拠を中世研究者の「秘伝・秘説」に求めず、古文献そのものに求める。そうした実証研究を契沖が、歌書において始めた。契沖と伊藤仁斎に学んだ荷田春満が、歌書以外の古書においても手掛けた。そして賀茂真淵が、『万葉集』と『日本書紀』において大いに進め、本居宣長が、『古事記』において完成させた、ということになる。

契沖は仏僧であり、荷田春満は神職にあり、真淵も神職の子である。仏教と神道、そして漢方医学、これらを自身の基盤とする民間の教養人たち（真淵は徳川吉宗の子である田安宗武に召し抱えられた時期もあったが）が、江戸中期に「日本の学」に目覚めたことは興味深い。ここに日本人精神のルーツが再発見され、それは江戸社会の安定期に日本人を再構築することにつながる、というわけである。もちろんこの思考回路は、やがては唯我独尊的な国粋主義につながる危険性をもはらむのだが、そうした問題点は次々節で論じることにする。

2 「漢意《からごころ》」からの脱却と「もののあわれ」という日本人精神

(1) 「ますらをぶり」と「たおやめぶり」

本居宣長は歌学の研究にも熱心で、自らも歌を詠んだ。ただ、「研究は古典、詠むのは今風」で、この点は「古典に徹せよ」と指導する賀茂真淵の怒りを買っていたようである。この二人の歌への姿勢の違いは、「詠むこと」の段階で道が分かれたというより、古典研究の段階から分かれていたと考えられる。「益荒男《ますらを》ぶり」「手弱女《たおやめ》ぶり」という言葉がある。要は、男は荒々しいまでに男らしく、女は弱々しいまでに女らしく、という現代のジェンダー論から見ると批判されるべき概念である。真淵は『万葉集』に表現される「益荒男ぶり」をこそ高く評価していたのに対し、宣長は『新古今和歌集』に表現される「手弱女ぶり」にも高い評価を与えていた。この宣長の感性は、次に説明する「もののあわれ」でも発揮される。

さて本章では、歌の話にはこれ以上深入りせず、社会思想史という観点から、宣長の古道学、古典的日本人論に議論を集中しよう。

(2) 『古事記』と『源氏物語』に見出す「古道」

宣長は難読古文である『古事記』を解読し緻密な解説をつけたのであるから、堅物の言語学者と思われがちだが、実は『源氏物語』にも精通しており、その「恋愛小説」に率直な文学美を認めている。生々しい男女のやり取りを「淫乱の書」「背徳の書」などとは呼ばない。彼は歌学になじみ、神道になじみ、儒学を批判的に摂取し、有職の学（朝廷儀礼の古式・制度に関する学）にも詳しかった。これらを硬軟とりまぜて受け止め、言語・文学・制度の各方面からトータルな日本人精神を見出し、その古典文献実証から「古道」を体系づけたのである。

では、古道すなわち日本古来の人の道とは何か。それは太古の「神の御心」に従った自然な感情の、素直でおおらかなあり方である。「高き徳を守れ。清廉潔白であれ」と声高に道義を押しつけるのではない。「宇宙の成立と運動を人間の性質と思考に反映させよ」と理知的に法則を唱えるのでもない。人間の自然本性を、美しくもはかないものとして情趣豊かに受け止めよう、ということである。

(3)　日本人の真心を失わせる「漢意」

宣長はこう考える。日本古典からこうした「本来の道」を見て取ろうとするとき、江戸の世に障害物となっているのは「漢意《からごころ》」である。中国伝来の儒仏の学は、理知の力で世を割り切って解釈しようとする傲慢でしかない。儒教儒学も仏教も、道の解釈を我々に押しつけてくる。「徳と清廉の道義」や「宇宙法則的な人間性」を訳知り顔に語りかけてくる。そして日本朱子学、日本陽明学も、出自は中国中世の儒学だから、根は同じである。これらに発する「漢意」にまみれてきたから、日本人の本来の真心は失われたのだ。

真心とは本当は、学問を積んで初めて獲得するものではない。生まれながらの心であり、自然のままの感情である。それなのに中世、近世と人々は儒学仏教の影響に染まってきた。今となっては自然のままとは行かないので、日本古典をしっかり学び直して「日本人らしい道」を知る必要がある。そのためにも「漢意」から脱却せよ。これが宣長の主張である。

(4)　「もののあわれ」こそ日本人らしさ、人間らしさ

それでは、漢意を捨てて日本古典に身を委ねたとき、見出される日本人精神とはどのようなものか。それは「も

ののあわれ」という言葉に集約される。外界の「もの」や「こと」に触れたとき、人はしみじみとした情感に包まれる場合がある。そのしみじみ感が「あわれ」（古典表記だと「あはれ」）である。

物悲しい、かわいそう、ということではない。美しいけれどもはかない、いや、はかないからこそ美しい、切なげで弱々しそうでもあるが凛とした姿は尊い、そうした複雑そうで実は率直な人間感情を、日本の文学芸術は宿していたはずだ。それは日本文学を貫く審美感覚であり、さらに言えば、人間らしい生き方の本質なのではないか。このように「もののあわれ」を日本文芸の根幹と捉え、さらには人間の普遍的本性とさえ見て取ったのが、宣長の慧眼である。

宣長は説教がましい道徳論者ではない。文芸が表す恋心の哀切感こそ古典の真髄だと考え、日本人らしい生き方もそこにあると考える。人と人が織りなす綾、すれちがいともどかしさ、個人の力では変えられない「ものごと」に対する感情、喜びも哀しみも受け入れる素直さ、それらを一言にしたのが「もののあわれ」なのである。それは文芸論を超えて人間論としても語られている、と私は捉えている。

(5) 日本の古道は「惟神の道」

宣長に「日本を超えて、アジアをも超えて、全ての人間」という発想があったとまでは言えない。ただ、彼の人間観・世界観は、「日本特有のもの」を考えるのではなく、「日本こそ世の王道にある」と考えることで成り立っている。

その点では、古学の創始者である山鹿素行と相似たところがある。素行は『中朝事実』を著して、中国の「中華思想」を凌駕しようとしたが、宣長も日本の古道を「惟神の道（かんながらのみち）」と呼んだ。中国は戦乱の王朝交代が繰り返されて「伝統」といっても途切れ途切れであるのに対し、日本は『古事記』に記された「神の系譜」

「皇国の古道」が連綿と続いており、正統性の高い国家である、というわけである。

その自国中心主義の問題性は次節で論じることにしよう。ここでは、「漢意にまどわされず惟神の道に従う日本人精神に目覚めよ。そのもっとも豊かなものとして、もののあわれを知れ」というのが宣長国学の結論である、と締めくくっておこう。

3　国学の日本思想史における意義と影響

(1)「日本人精神」の発見

本居宣長の国学を、文芸評論ではなく社会思想史として考察するとき、つまり時代に導かれてはまた次の時代の導きとなる思想潮流として考察するとき、そして現代につながる意義と教訓を持つ思想として振り返るとき、何が語れるだろうか。私はその社会思想史的意義と影響を三点で整理したい。第一点は、「日本人らしさ」の研究と発見を一定程度は果たしたという意義である。次に第二点は、「日本の神々」「皇国」を正当化したことの意義（というよりは負の面も持つ影響）である。最後に第三点は、『古事記』など日本古典を現代の我々が読むきっかけを増やしてくれて神話的思想の日欧比較にも手掛かりを与えてくれたことである。

ではまず第一点について。日本古典に徹底してこだわって、「日本人らしさ」「日本人精神」を発見し、しかもそこに「日本人の特殊性」よりは「人間的な心情一般の根底」を考えさせてくれることは、高く評価する意義がある。そして、その発見にあたっては、古学派から得た文献実証学的手法を貫く研究を示し、学問の蓄積が次の学問を開花させるという姿を見せてくれたことも意義深い。

時代は一八世紀後半という江戸中期で、徳川幕府の社会的安定期である。長崎の出島からオランダ・中国経由で文物と知識はいくらか得ながら「鎖国」に安住できた「平和な」時代である。自由奔放な文芸はさかんとなり、「官の学」も「民の学」もそれなりに深まる。藩校や寺子屋も増える。地方商人にも有力な者が育って武士以外でも学問を積む。宣長のように、商売を畳んで息子には医者になるため遊学させるという余裕のある家も含む中産階級においては、学問教養を持って「日本人とは何か」を考え、民族意識を模索する素地は十分にできていたと言える。

そこに宣長のような「昼は医者、夜は学者」が現れる。研究しながら、やはり少しは余裕のある武士や町人に「日本人の本性」を教える。その中身は、教条的な道徳論ではなく、「うたごころ」も伴う人間の強さと弱さの両面である。「美のはかなさ」も「人間的修養」も「伝統と現在」も語れたであろう。松坂という地方にありながら、当時の中産階級の教養に貢献し、「日本人」を、ひいては「人間一般」を考えた知的遺産は、社会的に意味を持つ。

しかも、古学派の手法も国学の先達の知恵も引き継いで、訓古注釈をおろそかにしない。原典や史実を可能な限り実証的に探り原理的思想を見出すという、真摯な研究姿勢がある。文字のなかった時代の「史実」らしき口承伝説を、輸入した「漢字」で何とか書きとめ、漢字プラス返り点プラス送り仮名で作り直し、書き写しては代々伝えた記録であるから、本当の「史実」が何であったかは実は怪しい。それでも、例えば宣長と真淵の往復書簡を見ても、可能な限り実証的な研究が試みられたことはわかる。この研究姿勢そのものが、現代にも及ぶ知的遺産である。

(2) 皇国正統化の光と影

次に第二点について。『古事記』『日本書紀』などから「古き日本の神々の実像」をできる限り浮かび上がらせ、由緒正しき（?）国造りを解読・解説し、神々の子孫である神武天皇からの途切れることなき（?）血脈を語り、世界に唯一無二の（?）「皇国」であることを語り尽くした長期的研究の成果は、まじめに評価されるべきである。

今失礼にもクエスチョンマークを三回付けたように、科学的客観的真実かと問われれば大いに疑問があるが、他国にある古代神話時代に関する文献研究と比べても、丁寧さは褒められてよい。

ただし、この「皇国正統化」は、当時の民族意識の高揚とも相まって、いわゆる右翼的な国家主義に加担していくことになる。江戸末期には「復古神道」という社会運動が起こったし、その伝統主義は今日的民主主義とは逆方向にあったと言える。幕末の尊王思想、明治期の国粋主義、昭和期の軍国主義にも影響を与え、それは「負の側面」と呼べる。とはいえ、ある時代の知的財産が近現代の支配者に都合よく使われることは多くの国にあったし、後々の負の影響を元々の思想や学問そのものに責任転嫁して評価を下げることは、適切とは言えない。

(3)　古典的神話を読むこととその教訓

最後に第三点について。宣長の『古事記伝』やその他の関連書がなければ、我々は日本古代史を今よりも不正確にしか理解できず、思想のルーツを批判的に検討することさえできにくかっただろう。例えば古代ギリシアの哲学やもっと前の神話的世界について、我々はいくつもの翻訳や研究を媒介してやっと、ある程度のことを理解できている。『古事記伝』がなければ『古事記』を読める人はもっと少なかっただろうし、『古事記伝』を何とか読める人が『古事記』の現代語訳と解説を書いてくれたおかげで、我々はどうにかその概要を知ることができる。それによって、日本古代の神話的世界を垣間見ることができるし、ヨーロッパ世界の神話的世界を他方で知れば、日欧思想の比較研究もできる。

私なりに、浅学ながらも研究した範囲での比較研究の小結論は、「日本人もヨーロッパ人も昔から考えそうなことは一緒。人類は普遍的性向を持ち、どこかの民族だけが唯一無二に優れているなどということはない」というものである。

ギリシアの神々も『古事記』の神々も、気高く神々しくは全くなくて、とても「人間臭い」。愛憎と嫉妬、疑いと迷い、策略と仕返し、軽はずみと後悔に満ち満ちている。アマテラスオオミカミは、弟スサノオノミコトの乱暴に対処せず逃げるように天の岩屋戸に隠れるが、外の裸踊りに浅はかにも戸を開けてしまう。ニニギノミコトは、相手の神が娘二人ともを嫁に差し出したら美人の方だけもらって不美人の方は追い返す。この身勝手のせいで、ひ孫の神武天皇からあと、寿命は人間並みに短くなる。「人間臭い」エピソードばかりだ。ギリシア神話もそうである。

「史実」かと問われると、やはり疑わしい。神々の婚姻関係を見ると、近親者なのに何世代も離れた夫婦（オオクニヌシノカミの妻スセリビメは六世代も上の大叔母に当たる）にはさすがに矛盾を感じる。神々には五百年以上寿命があったとしても。神武天皇以降は人間並み寿命だから史実かというと、一生や在位期間が常識外に長い天皇が何人もいて、つじつまが合わない。

要するに、「人間に似せて造られた神々」は、洋の東西を問わず同じように人間的弱さにさいなまれており、「神々の物語」は人類の普遍的弱小さを昇華させ、迷い恐れる人々にいくらかの安寧を与えるために作られたのだ、ということを私はここに再確認するのである。この確認が、宣長から得られる第三の意義である。

関連人物コラム14　賀茂真淵——本居宣長との「松坂の一夜」

本居宣長の国学の師は賀茂真淵だが、対面は宣長三四歳、真淵六七歳のときの一回のみ。これが「松坂《まつさか》の一夜《ひとよ》」と呼ばれている。

宣長は京都遊学中に、国学の創始者である契沖の著作も読んでいた。そして松坂に帰って、荷田春満に三年間直接指導を受けた賀茂真淵の『冠辞考』を見た。「見た」が「読めなかった」。書いてあることがわからなかったのである。でもそこは、古学派の伝統も知り、文献実証学を身につけている宣長である。万葉集研究書である『冠辞考』を何度も読み返して、古典研究の極意がここにあると思い至った。いつか真淵に会って指導を受けたいと願った。

一七六三年、江戸で田安家の和学御用をしていた真淵が、京都や奈良の遺跡調査のついでに伊勢神宮に参拝するため松坂に来ている、と宣長は聞きつけた。すぐあとを追いかけたが、会えなかった。真淵の伊勢からの帰りを待ち構えてやっと会えたのが五月二五日。宣長は松坂の宿を訪ねて真淵と深夜まで語り合った。その後六年間は文通のみの指導。それでも師弟。まさに一期一会であった。

第17章

石田梅岩の心学と「町人道徳」

1　梅岩の「石門心学」の樹立

(1)　江戸庶民の思想

江戸期の思想の多くは儒学か仏教の影響を受けている。山鹿素行、伊藤仁斎、荻生徂徠らに代表される「古学派」は儒学（儒教）の古典研究に基づくし、禅宗などの仏僧が学問と思想に貢献している例は多い。それらの「外来性」を批判し反転して日本古典に「本来の日本人精神」を見出そうとしたのが、契沖に始まり本居宣長に大成される「国学」である。

では、そうした思想以外に「江戸社会らしさ」がにじみ出るような独自性ある思想は、と問われれば、石田梅岩（いしだ・ばいがん。一六八五―一七四四）を開祖とする石門心学（せきもんしんがく）を挙げることができる。石門（石田梅岩の一門）とあえて呼ぶのは、中国中世の陽明学が「心即理」を唱えて「心学」と呼ばれたのと区別するためである。石門心学こそ、江戸中期を特徴づける「庶民の哲学」であり、後に説明するように、ヨーロッパ宗教改革時代の職業倫理意識に匹敵する日本の町人倫理である。

(2)　梅岩の農民・商人生活と勉学

石田梅岩は、丹波の国の東懸村（今の京都府亀岡市）の農民の子として生まれた。石田家は「豪農」とまでは行かないが、「中農」としてまずまずの旧家だった。農家の次男だった梅岩は、当時の慣例（農地を継ぐのは長男）に従って一一歳で京都の呉服商に奉公に出された。だがその呉服商が経営に行き詰まり、梅岩は一五歳で実家に戻った。家の農業を手伝いながら独学を怠らなかった梅岩は、二三歳で京都の別の呉服商に奉公した。勤勉で人にも優しく、商売で出世し番頭にまで上りつめたが、神道、儒学、仏教の独学も深めた。主人である黒柳家は浄土真宗本願寺の門徒だったから参拝にはいつも付き従うべきなのだが、当時は神道を深く学んでいた梅岩の生真面目さを認めていた黒柳家は、時には仏事に付き従わないことも許した。

(3)「講席」開きと『都鄙問答』

梅岩は四三歳で番頭職を辞し、諸家の講釈を聞いて回り、四五歳で京都に「講席」(公開講座形式の私塾)を開いた。「席銭はいらない。縁のない人でも希望者は通って聞いていいよ」との案内文を門に掲げて。最初は受講者が数人しかいなかったが、その平易で庶民の心に届く語りは、次第に受講者を増やしていった。儒学の「四書」(『論語』『孟子』『中庸』『大学』)のほか、『日本書紀』や『徒然草』などの日本古典も教材に使い、また梅岩自身が小栗了雲(黄檗宗という、禅宗の中でも臨済宗や曹洞宗より新しい宗派の僧)の指導を受けていたから、儒学も日本古典学(国学と言ってよい)も仏教も融合し発展させるような教えであった。

著書と言えるのは、五五歳の時の『都鄙問答《とひもんどう》』と六〇歳(没年)の時の『倹約斉家論《けんやくせいかろん》』の二冊である。『都鄙問答』の「鄙」という字は、「辺鄙《へんぴ》な」とか「鄙《ひな》びた」という言葉で想像がつくように、「田舎」という意味である。つまり『都鄙問答』とは、京都という都会と多くの門人たちの出身地である全国の田舎との間で交わされる問答という意味である。

元来勤勉で真面目であり、二冊目の著書にあるように「倹約」を旨としていた梅岩は、生涯独身を通した。『石田先生語録』(梅岩の没後に弟子が編纂)には、「なぜ妻子を持たないのか」への答えとして「妻子という小事によって、大道を教えることに支障をきたすのではないかと恐れている」とあるそうだ。

(4)　梅岩没後の石門心学

没後も、門人によって教えは広められた。一番弟子と呼びうる京都出身の手島堵庵（てじま・とあん。一七一八―八六）は、京都で「席銭は無料。希望者は誰でも」の講席を引き継いで数百人という門弟を集めた。堵庵が「石門心学」という呼称を定着させたと言われる。二番弟子と呼びうる大坂出身の中沢道二（なかざわ・どうに。一七二五―一八〇三）は、全国各地そして江戸で教え、武士に、それ以上に商人たちに、心学を浸透させた。そのわかりやすく考え深い教えは、男性のみならず女性にも多く信じられたと言われる。

このように、江戸幕府安定期という武家社会にありながら、武士以外、特に商人たちに広く支持された心学は、大商家の番頭クラスに多くの帰依者を生み出し、当時の日本中産階級に知識と考える力を与えた、と高く評価される。梅岩自身も、「人間に益ある学」と自認していた。

もちろん心学への批判もあった。儒学としても四書のみならず朱子あり王陽明あり伊藤仁斎ありの「雑多」なテキストを用いて、自説の論拠にちりばめているし、神道も仏教も国学的なものも、全部取り込んでいる。それぞれの学問や宗派の「正統派」から見れば、石門心学は「雑学」にすぎず、「異端」のたわごとである。実際、『都鄙問答』は、「ある学者が、石田梅岩は異端の流派にあって儒者ではないと言うのだが、どう考えるか」という問いかけに答えることから始まっている。

本章のこの段階では、正統派を主張する学者たちが「あいつは異端だ」と言いふらし警戒せねばならないほど、梅岩の思想が庶民の耳目を引きつける内容を持っていたのだ、と指摘しておこう。では、その梅岩の思想の「引きつける内容」とは何か。次節でそこを論じよう。

2 「四民」の職分と商人の道

(1) 四民それぞれの「知足安分」

石田梅岩の心学は、もちろん心理学ではないし、座禅で心の奥を見つめ悟りを開く技法でもない。町人、特に商人の生活道徳である。儒学・仏教・神道・国学を素材に使っているとはいえ、当時の日本の都市中産階級民衆に、自分たちの存在意義に自信を持たせる「職分」の哲学である。語り口は平易で、町人だけでなく武家知識人にも浸透していった。

ただし、町人階級の力を鼓舞し武士階級への対抗（さらには武士打倒）を訴えるような「階級闘争思想」ではない。武士が上に立つ江戸社会を肯定し、それでいて他の民人の地位と仕事も十分認めよう、という訴えである。だからこそ町人階級にも「安心して」受け入れられたし、武士階級にも支持者がいたのである。

梅岩の思想は、一言で言えば、「士農工商の四民がそれぞれの職業身分をわきまえよ」という「職分」思想であり、「四民が各々に足るを知って分に安んじるべき」という「知足安分」思想である。梅岩は、士の「位」を認める。しかし同時に、農工商の「三民」の職分も同じく高く評価する。

(2) 士農工商の職分

まず、「士」は政治という職分を持つ、とする。この点では、山鹿素行の「士道」論や荻生徂徠の「武士の為政者責任」論と相通じる部分がある。ただし、農家に生まれ商家で仕事をやり遂げた梅岩には、素行や徂徠よりも「士」と「農工商」を平等に近く見る傾向が生まれている。「官の学」よりは「民の学」として武士職分も位置づけた、ということになる。

次に、「農」は生産という職分、「工」はもの作りという職分、「商」は売り買い流通という職分を持つ、とする。それぞれが自分の職分にいそしみ、そこで得られる利益・分け前に満足せよ、と説く。つまり、士農工商という身分秩序を上下の身分差と捉えるのでなく、職業別の役割分担、社会的分業と捉えようとしたのである。

ここに梅岩は、「四民」を職分が違うだけの分業的階層と見立て、それぞれが「知足安分」の境地をわきまえて安定的な社会に貢献することを求めたのである。明治期のスローガンである「四民平等」の平等観には届いていないし、むしろ士農工商の身分秩序を追認するものとなったのだが、「三民」の側から自分たちの生き方を積極的に自己肯定する思想となった点で、当時の日本社会を新たに形作る思想であったと言えよう。

(3) 江戸中期の経済社会と商人

さて、梅岩の心学は、「三民」の存在意義を説明する役割を持ったのであるが、三民の中でも焦点を当てていたのは「工商」、それも都市町人、そして特に商人であった。町人道徳、特に商人の職業倫理を説いた点が、梅岩の最も注目すべき特徴である。

そもそも心学とは、陽明学の「心即理」の思想を平易化して日常生活の実践学にしようという意図からそう呼ばれたのだが、「神・儒・仏打って一丸した」と称されるように、陽明学だけでなく諸学を全て融合し、梅岩の勉学と生活体験から生まれたものである。出自である農家の体験も影響したろうが、やはり番頭まで上り詰めた商家の体験は大きい。

江戸中期は幕府安定期ではあるが、商業発展と貨幣経済の浸透から光と影が見え始めた時代でもある。梅岩が若き学問の徒であったころは百花繚乱の元禄時代（一六八八―一七〇四）、講席を開いていたのは財政引き締めの享保時代（一七一六―三六）である。武士階層にも貨幣経済の荒波で困窮する者が出てきたし、逆に商人が富裕になって武士を借金で支配する例も出てきた。商人が時に金の亡者として批判もされる時代だったし、商人自身が余裕をもって自省することもできる時代だった。

さてこんな時代なればこそ、学を積み講席を開くに至った梅岩がテーマとしたのは、商人道徳であった。朱子学も陽明学も摂取して当時の日本社会風に換骨奪胎し、宇宙の「理」から天与された人間の「性」を素直な「心」を尽くして知るという「尽心知性」の道を説き、特に商人の道を説いたのが梅岩であった。

(4) 商人の職業倫理

その商人の道とは何か。それは「勤勉」であり「正直《せいちょく》」であり「倹約」である。先に挙げた「知足安分」の精神で、勤勉に働き、利益を正直に取り、物と人を倹約して有効活用することである。

まず、勤勉とは、たんに苦労を背負えということではなく、働くことで食を得るという性《さが》にある人間が、身を努めて心を安楽にするための方針である。次に、正直とは、「先も立ち、我も立つ」という真っ当な商取引、互助と公正の姿勢であり、ここに得る商いの利益は武士の俸禄と同じく正当なものである。最後に、倹約とは、ケチケチと節約することではなく、「時にあたり法にかなうように用いる」ことで、物も人もその効用を尽くすこと、その結果として「世界に三つ要るものを二つにて済むようにする」ことである。

このように「勤勉」「正直」「倹約」を商人道徳として守れば、商人の利潤追求は「天の理」としても「人の性」としても肯定される。商人は売買を正当な職分としてとして果たしていることになり、時として罪悪視されかねない営利追求も社会倫理として正当化される（ちなみに、武士の俸禄と同等に正当、と語る梅岩が、武士の俸禄の正当性を論証している論脈はない。それをあの時代の梅岩に今日の視座から要求するのは、無理というものだろう）。

3　心学の社会思想史的意義

(1)　賤商観の否定、商人の誇りと道徳

以上のように、石田梅岩の心学という思想は、儒学や仏教も取り入れているとはいえ、江戸中期社会にこそ誕生した、商人階層という新興中産階級が育った時代ならではの、今日にも通じる「勤勉」「正直」（「せいちょく」と読ませるが今日の「しょうじき」に通じる意味である）「倹約」（省エネ？ エコロジー？）の日本人気質を物語る思想であったと言える。その社会思想史的意義を、三点で指摘しよう。第一点は、都市町人、特に商人の道徳を、近世産業化の時代に位置づけたという意義である。第二点は、職分論を肯定的に語ることで、ヨーロッパ思想史の「職業召命観」に匹敵する思想を提供してくれたという意義である。第三点は、ある種の社会的分業論を論じることで、「近代社会」の道筋を、時代を先取りするかのように提示してくれたという意義である。ただしこの第三点には、当時の身分固定化を追認するという負の側面も伴うが。

ではまず第一点について。「士農工商」が、「士商工農」でなく、ましてや「商士農工」とは決して言わなかったことには当然理由がある。日本の中世に武家政権が成立して以降、前近代の色彩が残る江戸前期まで、支配者たる「士」の次に生産者たる「農」を位置づけるのは、支配戦略上当然であった。農地は生活の基本財であり、年貢米は貨幣経済が隆盛するまで財の基軸だったから、その生産者は大事にしなければならない存在であった。

支配者「士」は、生産者「農」を引き上げておき、生産活動から遠い「工」ともっと遠い「商」をさげすんでおくポーズを取る必要があった。たんに物を右から左へ流通させるだけで財を得ようとするのは卑しい仕事だと見る「賤商観」が、武士から、そして農民からも向けられていた（本当は、山鹿素行や荻生徂徠が気づいていたように、最も生

産活動から遠いのは「士」なのだが、それは気づかぬことにしておく必要があった)。

さて、この「賤商観」を見事に覆したのが石田梅岩である。「商」には、そして「工」にも、「農」に劣らぬ職分があるのであって、三民は「士」と職分的には同等である、と主張することで、都市の町人、中でも商人の誇りを取り戻したのである。そして同時に、誇り高くあるためには道徳的にも尊敬に値する商売をせよという自覚を、商人たちに促した。この主張は、力をつけつつある商人たちに、自信を持たせると同時に背筋がピンと伸びる思いを与えたであろう。近世というこの時期、産業化が進みやがては近代的な産業革命が到来するその前夜に、商人(そして手工業の職人)を道徳的に鼓舞する言論を時代に刻印したことは、日本に中産階級を育て、精神的にも自立させる効果を持ったと言える。

(2) ヨーロッパ職業召命観に匹敵する職分論

次に第二点について。職分論は、「農が農として勤勉に生きるのと同様に、商は商として勤勉に生きよ」と語る。この「与えられた職に勤しめ」という思想は、ヨーロッパ思想史におけるルター、そしてカルヴァンの職業召命観に匹敵する。宗教改革の万人司祭主義から導出される「全ての職業は司祭と同等に尊い、神から召し与えられたものだ」という考えは、天に神という召命者を置いているので、梅岩思想とは根本が違うのだが、「その職に精勤せよ。倹約して蓄財してその職を一層誇れるものにせよ」という結論は同じである。

現代でも、日本人は勤勉だと国際的に高く評価されている。その理由は、島国で内的な団結力が高かった(同調圧力が強かった)とか、四季の変化がはっきりしているから短いタイムスパンで農作業などを集中的にこなす必要があった、などと指摘しうる。しかし、そうした自然条件からの説明以外に、歴史的言説から「日本人の職業精励」を拾い出すとしたら、この梅岩思想は有力な一里塚と見なせる。マックス・ウェーバーの「イギリスのカルヴァン主義者であるピューリタンたちの勤労の倫理が、この国に世界最初の資本主義を成功させた精神的土壌である」という分析を、日本にあてがうならば、「石田梅岩の職分論の道徳が、日本の諸職業に誇れる勤労観をもたらし、高度経済成長の土台を造った」と言いうる。これが、日本思想史をヨーロッパ思想史と比較研究し、「ヨーロッパの産業隆盛の精神的ルーツ探しと同じことを、日本の経済発展のルーツ探しに試みたら、どんな答えが見つかるか」という問いへの、私なりの答えの一つである。

(3) 社会的分業論と身分固定化論

最後に第三点について。梅岩は、商業の公共的機能、商人の社会的責任を主張することで、社会が分業で成り立つこと、その一端を商人が担うことを、図らずも語っていた。社会思想史的には、当時の「職分」を積極的に分析することで近い将来の「近代的分業」を予言したことになる。

例えばアダム・スミスのように、分業の経済効率を説いて近代自由主義経済の発展を後押しした、というわけではない。それでも梅岩は、商業（そしてその他の職業も）の存在意義とそこで得られる利益の正当性を認めることで、また、だからこそ商業に携わる者は公共責任にかなう倫理観を持つ必要があると論じることで、近代以降の分業社会がどうすれば真っ当に成長できるかを、教えてくれている。この意味では画期的な思想であり、まさに時代を近現代へと橋渡しする思想である。

ただし上述のことは、梅岩思想を今日の視点から積極的に評価する場合の見方である。梅岩自身は、近代産業社会を予見しようとは思っていなかったであろう。むしろ梅岩は、「商」やその他の職分を「身分固定化」の方向で論じていたのである。「商は誇れる仕事だから就いたらやり遂げよ。士の政治職分はそれ以上に貴くて当然である」といった論調だから、職業身分を移動するとか、士を無産者と見なして上流階層から引きずりおろすといった発想はない。

職業召命観にも似た職分論は、あくまで封建秩序内にとどまって身分固定を正当化する文脈で語られており、「近代を切り拓く」という意欲で語られているわけではない。この意味では「負の側面」もあると言える。ただしこの見立ては、現代という「ゴール」に立っている者が「近代化・民主化の発展史」というスタンスでのみ思想を評価するときに、「それに合わない」として下すマイナス査定なので、論評としては公平でないかもしれない。

関連人物コラム15 鈴木正三——梅岩より前の職業倫理論者

石田梅岩は士農工商それぞれの職分を高く評価し、特に商人の職業倫理を強く訴えた。その点では、ヨーロッパ宗教改革のルターやカルヴァンの職業召命観に匹敵するのだが、日本でこれを訴えたのは梅岩が最初かと言うとそうでもない。梅岩よりも一世紀前の仏僧、鈴木正三（すずき・しょうさん。出家前は「まさみつ」。一五七九―一六五五）こそが先駆者だと言える。

鈴木正三は、徳川家康、秀忠に仕えた旗本で、関ヶ原の戦いでは真田氏に足止めされて遅参した秀忠軍の中にいた。大坂冬の陣・夏の陣にも従軍した。四二歳で出家して曹洞宗の寺に出入りしたが、「天然の外道」と皮肉られる自由な思想家だった。五三歳のときの主著『万民徳用』で、「武士日用」「農人日用」「職人日用」とそれぞれの仕事の尊さを語った後で、「商人日用」において正直な商いには利益獲得を肯定する論を説いている。

正三は商人を、職業倫理を全うすれば天道にかなう存在だと是認しているのだが、一途な正直さを課して利益追求に自制を求めた点では、石田梅岩よりも禁欲主義的であった。

第18章

安藤昌益の自然思想と「農の哲学」

1　昌益、医業から自然哲学と社会思想へ

(1) 忘れられ、隠された急進的思想

本章で取り上げるのは、安藤昌益（あんどう・しょうえき。一七〇三―六二）である。生没年も生涯履歴も著作の全容も、ここ数十年の研究でかなり明らかになってきたが、推測の域を出ない部分も多く、今後の研究で訂正されるかもしれない。それでも、あの時代においては革命的な意味を持つ思想であり、現代人にも影響を与えうる急進的な思想である。「日本のルソーか、ヘーゲルか、はたまたマルクスか」と論評する人もいるし、「二〇世紀共産主義思想のゆがみを超越する、二一世紀にこそ読むべき思想」と論評することも可能かもしれない。

江戸中期の東北地方の町医者でありながら、博学で強烈な個性を発揮していく思想家となり、多数とは言えないが熱烈な門下生を抱えていた。だが、その急進性ゆえに、「忘れられた思想」「隠された思想」となっていく。

(2) 昌益の医学への道

安藤昌益は、秋田比内二井田村（今の秋田県大館市）の農家の、おそらくは次男だったと言われる。賢い少年で寺にある教本をなども次々読破し、一五歳で仏教や学問を学ぶべく京都に上った。伊藤仁斎（一六二七―一七〇五）の後継者が古義堂に門下生を多数集め、石田梅岩（一六八五―一七四四）が心学を説き始めていたころである。まずは禅宗の寺に入り、仏教をどんどん吸収した。仏教を学ぶことは漢文を学ぶことであり、深めれば古代インド語を学ぶことでもある。ここで人間観、世界観、宇宙観に加えて「音韻学」も学ぶことになり、その知識は彼の後の著作で応用されていく。

優秀であり仏門で十分に出世できたであろう昌益は、優秀すぎたのか、仏教を批判して仏門を離脱する。仏門内の男性中心主義、建前では性欲から無の境地に解脱せよと言いながら若僧を男色性欲の相手とする和尚たち、人々に布施を強要して事実上はそれに寄生する寺、これらを「虚妄」と断じた青年期の昌益は、医学に人生の活路を求める。

京都には味岡家という優れた医家があり、安藤昌益は三代目味岡三伯に師事したと見られる。京都で医学を学んだと言えば本居宣長（一七三〇―一八〇一）も同じだが、昌益が三代目の三伯の弟子だったこととの関連で言えば、宣長は初代の三伯の孫弟子である堀元厚の弟子だった。

当時の医学は漢方医であり、その主流は「陰陽五行論」を元にして「五臓六腑説」などを唱える「運気論医学」で、「後世方派」と呼ばれた。味岡一門はその中の「後世方別派」にあるとされる。この運気論の考え方は、昌益の後の「自然哲学」に影響を残していく。

なお、「後世方」という流派名は、当時の反主流革新派である「古方派」がライバル主流派に名付けた批判名称である。「主流派の連中は後の時代のゆがんだ医学理論に惑わされており、我々こそが中国古典医学に拠って立つ本流だ。我々こそ本来の古方であり彼らは曲解を経た後世のものにすぎない」という意味が込められている。なぜこの文脈でこんなことを指摘するかと言うと、江戸中期の思想潮流を見事に反映しているからである。江戸幕府の主流学問である朱子学を古典回帰で批判する古学・古義学・古文辞学が力を持続し、儒学全体を日本回帰で批判する国学が興隆したのが、この時代である。「古きに帰れ」という学問潮流は、医学・医術の世界にも影響していたのである。

(3) 医業と学問

話を安藤昌益に戻そう。京都在住のどこかで昌益は結婚したようである。最終的には一男二女をもうけ、その男子は後に一家が移った八戸で医者を継ぐことになる。一家の八戸移住は昌益が四二歳のころだが、いきさつはわかっていない。「御町医《おまちい》」でありながら八戸藩の命令で武士の治療にも当たり、腕前も人柄も高評価を得る。藩お抱えの「御側医《おそばい》」になることもできただろうが、昌益の関心は庶民に向いていく。教養も人徳もある昌益は、医療のみならず講演などでも評判となり、人々が教えを乞いに集まり、自宅が私塾「確龍堂」となる。「確龍先生」と呼ばれる安藤昌益の一門が形成されていくのである。

思想家としての昌益は、初期には儒学に、特に孔子に傾倒していた。『暦ノ大意』は四三歳ごろの著作で、天体の宇宙循環を見通して農業や医療に役立つ暦を論じている。『確龍先生韻経書』も同時期の著作で、母音と子音の結合を論じる音韻論でありながら万物の生成循環を語る自然哲学書でもある。

(4) 『自然真営道』の執筆と出版

四六歳ころから昌益は、儒学や漢字音韻法則への関心から離れ、独自の考えを「自然真営道」と名付けて「社会思想」を語るようになる。「陰陽五行論」など中国由来の思想を乗り越える形で、新たな自然観を語り、医学の社会的貢献や農民の社会的存在意義を論じていく。「農」「自然」から「男女の性の相互性」「君臣上下の批判」まで、議論は発展していく。それは幕府官学への批判であり、農民をしいたげる封建社会への批判であり、いわば「革命思想」である。お上からの批判も覚悟して社会に訴えようという意欲はあり、著作『自然真営道』を江戸や京都で出版しようとする。

『自然真営道』出版を企てつつ昌益は、『統道真伝』を著し、儒学批判、仏教批判、新しい自然観・社会観をいっそう強く訴える。『統道真伝』は第一巻二冊と続く三巻で計四巻五冊から成り、『自然真営道』は「刊本三巻」「稿本百巻」と言われる。紆余曲折を経て刊行された「三巻」も広くは読まれず、「百巻」は多くが歴史に埋もれていく。四八―五三歳ころに書かれたと見られるこの二著作（『自然真営道』の三巻シリーズと百巻シリーズを別物と見れば三著作）が、安藤昌益思想の集大成とされる。現在の昌益研究では、『統道真伝』の原稿完成が一七五二年ころ、刊本『自然真営道』三巻が出されたのが一七五三年、稿本『自然真営道』百巻の序文が書かれたのが一七五五年とされる。

(5) 昌益と弟子たち

五四歳のとき昌益は、生まれ故郷の二井田で家督を継いでいた兄の訃報を受け取る。昌益は実家の家督をいったんは継ぐために、八戸の医業は息子に任せ、単身で二井田に移住する。その後、家督は親戚の若者に継がせて農家を営ませたらしいが、自身は二井田で医業を続ける。村人たちに「自然こそ理法。農民こそ社会の軸。神仏など不要」と説きながら。

昌益が去った八戸の弟子から「また教えを乞いたい」との話が来て、昌益が五七歳のころ、一門の集会が八戸で行われる。江戸、京都、大坂、松前（北海道）から一四人が集まり、「私法盗乱の世にありながら自然活真の世に契《かな》う論」（以下、「契う論」と略記する）という世直しの論が打ち立てられたという。

六〇歳で昌益は、流行病のため二井田で死去する。昌益思想は江戸や京都で知られることはほとんどなく、八戸でも世代交代とともに消えていく。昌益自身、この時代に認められるとは思っておらず「百年後を期した思想」と呼んでいる。原稿等は散逸しそうになるが、一番弟子である神山仙確が遺稿をまとめ、「稿本『自然真営道』百巻」が残されることになる。

2　「自然世」と「直耕」の思想

(1)　昌益の庶民性への寄り添い

前節で安藤昌益の生涯に紙幅を割いたのは、昌益は特に生きざまと思想が深く関係しているからである。日本近世の思想家の多くは、家系的に元からの教養人であるし、武家あるいは富裕層の出身であり、江戸や京都で都会人らしい余裕の中で生きている。「医者をしながら学問も」という点では似ている本居宣長でさえ、大商家の生まれであり、京都と伊勢神宮の間の松坂という地の利に恵まれていた。石田梅岩は、安藤昌益に近い「庶民性」を感じさせるが、京都の商家に安定的な職があった点では、やはり昌益より恵まれていた。

昌益は、医者とはいえ自力のみで職能を身につけたのだし、何よりも二井田と八戸という東北地方の厳寒の田舎に暮らし、農民の苦労を身近に感じていた人物である。自然の厳しさ、冷夏と飢饉に悩まされながら年貢の取り立ては続くという理不尽、そこで生業をなす農民を日々医業で助け、その学才を庶民救済のために使った「人となり」そのものが、あの都市権力に媚びない思想を生んだのである。

(2)　「自然世」と「法世」

では、その思想とはどのようなものか。博学多才で宇宙論から身体論まで幅は広いが、本章では本居宣長や石田梅岩との比較、「社会思想」としての役割に絞って論じてみよう。キーワードも二つに絞る。それは「自然世」であり、「直耕」である。

「自然世《しぜんせい》」とは「自然に従った世の中」であり、昌益が理想とする「自然に真に営まれる道」である。「自《ひと》り然《す》る」という動詞形でも表現され、人間も動植物も無機物も宇宙の物質代謝の過程に存在するのだから、自然に則って生きるのが人の道だ、というのである。関連するキーワードを挙げれば、「活真《かっしん》」あるいは「土活真《どかっしん》」がある。宇宙の全存在は「活《い》きて真《まこと》」なる諸物質の運動状態によって表現を獲得し、その運動・存在の場である「土」と一体化すれば「土活真」となる。この考え方は、仏教の「空」や朱子学の「無極」といった「無」の思想を批判する「有」と「活動」の思想であり、勤労農民の自然に根差した生活実感に拠って立つ考え方である。活動、運動状態に関連すれば、「互性」というワードも挙げておこう。運動は諸存在の働きかけ合いであり、相互に依存し補い反発し合うという「性を互いにする」営みである。この諸物の運動を一体性、連続性で捉える「互性」概念をもって、昌益は伝統的な価値序列（官尊民卑、男尊女卑など）を「二別」と呼んで批判する。

「自然世」に生きよ、活真に従って互性を尊重せよ、と主張する昌益は、そうなっていない世の中を「法世《ほうせい》」と呼んで徹底批判する。支配者が「聖人」と自称して人々の勤労の成果を搾取する世の中、人々の幸福のためと称して法や制度を「こしらえ」ては反自然的な「作為」で上下関係を正当化する世の中、これが「法世」である。この「法」は公共性があるように見せかけて実はない「私法」にすぎない。江戸の封建社会はまさに私欲にまみれた「法世」であり、自然から人為への堕落である、ということになる。昌益は若いころは、朱子学を学び特に孔子に傾倒していたが、今や儒・仏・神全ての伝統学問を支配の思想だと批判する。この考え方は、文明・文化芸術を全面否定し「自然に帰れ（自然に従え）」と叫んだルソーをも想起させる。現存する階級社会、貧富差は「二別」に満ち満ちた法世であるから、それを打破して自然世に立ち返れ、というのが昌益の主張である。

(3) 万人直耕論と「士」「工」「商」批判

では、自然世、自然活真の世に戻るために何をすべきか。「直耕」そして「万人直耕《ばんじんちょっこう》」が昌益の答えである。

味する。

「直耕」は、「直《てずか》ら耕《たがや》す」という動詞形でも表現され、まずは農民が土に鍬を入れて穀物と野菜を育てることを意味する。

昌益はこの意味を深め、「自り然る自然」が「活きて真なる活真」を行って「性を互いにする互性」を発揮する活動全てに「直耕」を見て取る。植物が土から栄養を得て実るのは「草木の直耕」であり、動物どうしに食う食われるの関係があるのは「動物の直耕」であり、生ものを炉で煮炊きして食べられるようにするのは「炉の直耕」であり、食べたものが胃で消化され栄養吸収されるのは「胃の直耕」である。そして人間は、「男は耕し女は織る」という「直耕・直織《ちょくしょく》」を行うものとされる。この表現は、現代ジェンダー論では「男は外で女は内」という差別的固定化だと言われそうだが、昌益の文脈では、人間の男女の肉体的差異に基づく役割分担であって「二別」ならぬ「互性」だということになっている。

さて、この直耕の論で行くと、農民以外、特に生産活動を直接的にはしない武士は、昌益に何と呼ばれるか。「不耕貪食《ふこうどんじき》の徒《と》」と呼ばれる。武士こそが無為徒食の最低の人間だ、ということになる。「直耕の衆人」すなわち農民の穀産を貪っては、聖人を自称する支配者の用心棒となって年貢徴収を暴力的に行っているにすぎないのが「士」だ、というわけである。

そして昌益は、「士」のみならず「工」「商」にも批判の矛先を向ける。まず「工」すなわち職人についてはこう言う。彼らは、武士たちの贅沢品を作っている。武器も作っているから、いっそ戦争があればいいのにという欲望まで抱く。船を作ることも、海を渡って他国を奪うことへの加担である。次に「商」すなわち商人についてはこう言う。彼らは、利益を増やすために謀略をめぐらし、人々をたぶらかす。拝金主義を煽り立てて、奪い合い、盗み、殺人まで誘発する。工が「民相応の」日用品を作るのならよいのだが、商が「無きところにあるものを運ぶ」相互扶助的流通に貢献するのならよいのだが、そうはなっていない。

このように直耕の論は、士工商の三民、そして僧侶・神職・学者ら非生産者である「遊民」をも、「不耕貪食の徒」であると批判するのである。

(4) 皆が「農」へ、「自然世」へ

こうなると、「農」のみが存在意義を持つことになる。「耕農の家が無くなれば三民はたちまち滅亡するし、儒・仏・神の学も役立たない」と昌益は指摘する。「不耕貪食の徒」が「直耕の衆人」を搾取することが問題なのであり、都市が農村を犠牲にすることが問題なのである。ではどうすべきか。「万人直耕」せよ、ということになる。大昔にはあったであろう「自然世」が、今や「法世」に取って代わられているなら、「自然世」を取り戻せ、ということになる。

とはいえ、そのための実践的政策を、昌益自身の著作に見出すことは難しい。ただ、晩年近くに一四人の弟子と議論した成果とされる「契う論」では、上から下まで「耕さしむ」こと、すなわち農民以外の全てに直耕させることが提言されている。特に遊民で口達者に反論してきそうな「口舌の徒」に対しては、「これを暁《さと》して耕さしむ」と書かれている。つまりは「説得」である。相手に知恵があるなら話して「本当の」知恵にしてもらい納得してもらおう、ということである。これでうまく行くかはわからないが、基本的に強制や恐怖政治は考えていないようである。

3　「早すぎた」思想の現代的意義

(1) 幕府封建体制への批判

安藤昌益は、「自然世」を肯定し「法世」を否定した点では、「自然に帰る」思想のルソー（一七一二―七八）に似ている。二項対立でなく「互性」による相乗効果を見出す点では、弁証法を訴えたヘーゲル（一七七〇―一八三一）に似ている。「万人直耕」で人々の平等を説いた点では、共産主義革命を唱えたマルクス（一八一八―八三）に似ている。

この昌益の思想の意義を、そして称揚してばかりはいられない部分を、次の三点で整理しよう。第一点は、本居宣長の日本古典への着眼、石田梅岩の商人道徳論と並んで、江戸中期という時代に幕府側の理論を揺るがせ、やがては封建体制が崩壊する種まきになったと見られることである。第二点は、農本主義的思想で人々の平等を訴えたことである。第三点は、ある種の共産主義思想で二一世紀社会にも参考材料が得られるかもしれないことである。

まず第一点について。本居宣長との比較で言えば、当時の江戸幕府体制を批判する思想である点では、宣長も昌益も共通している。江戸幕府は、林羅山（一五八三―一六五七）以来の朱子学日本版を体制思想の基盤に置いているし、江戸中期なら荻生徂徠（一六六六―一七二八）のような古典儒学が体制を補強していた。宣長の日本古典研究と「漢意《からごころ》」批判は、江戸からは遠いが京都と伊勢には近い地で、「都会風の」現状批判を形づくっていた。それは、幕末から明治期を見れば、国粋主義的な方向をたどるのだが、武家政権の幕藩体制を揺るがせる働きは持った。昌益も、武家批判、封建社会批判になっており、そこは宣長と共通するのだが、神道すら「こしらえごと」の制度であると批判するのだから、宣長より徹底している。昌益の目ざす「理想社会」は、日本人論を超えて人間普遍の理念を予感させる。とはいえ、空想的で具体性に欠ける面は否めない。

石田梅岩との比較で言えば、身分論として「士」の優位性を打破しようとする点では、梅岩も昌益も共通している。梅岩は、「士」以外の三民も同等に尊いと語り、特に商人の誇り高き道を説き、士農工商を社会的分業のように見なした。しかし、昌益が梅岩と決定的に違うのは、商（および農と工）を士と同等に「引き上げよう」とするのでなく、士を徹底的に、そして工も商もかなりの程度で「こき下ろす」点である。農のみが存在意義があり、士工商は「万人直耕」に参加するなら同等に許される、という平等主義であり、士工商を分業の相手とは見なしていない。とはいえ、近代社会を冷静に観察すると、農のみで生活財が満たされるとは考えられず、この考えからすると石田梅岩の社会的分業論のほうに分がありそうだ。

(2) 農本主義の意義と限界

次に第二点について。「自然世」「万人直耕」は、農民の生き方こそが人間生活の手本であり農業こそが財を生産する本流であるとする農本主義である。万民を農業に参加させ、農民であることを基本水準とする平等主義である。農業を中心とする原始共産主義を訴えていたとも受け取れる。「農と自然」を重視するという点では、私も同意できる（徳永哲也『プラクティカル生命・環境倫理』第一二章「産業・経済と人間の倫理」に農・食・自然から資本主義に再考を迫る議論を立てている）。昌益には、鉱山採掘による自然破壊を批判する文脈もあって、自然保護のエコロジー論として教訓的な部分もある。

ただし昌益は、万人を農に向かわせる具体的な方途を示せていない。「契う論」の「説得」という言い方も、断片的にとどまっている。そもそも、万人を農に携わらせることが本当に適切なのか。二〇世紀後半の歴史は、中国の毛沢東の文化大革命にせよ、カンプチア（カンボジア）のポル・ポト政権にせよ、知識人たち「都市上流階級」を弾圧し強制的に地方の農業に追いやることは国づくりの大失敗を招く、と物語っている。「工」と「商」について昌益は、「欲得まみれになるからダメ。民の助けならよいが」と語るが、民の助けとして「ほどよい」あり方を積極的に示せてはいない。

(3)「共に産する」思想の二一世紀的意義

最後に第三点について。昌益の、自然を尊重し農を尊重し平等を尊重する姿勢は、皆が自然の大地で「互性」的に「活真」するという、空想的だが理想の共産主義を語っているとも考えられ、人間の普遍的真理に接近しているようにも見える。二〇世紀の共産主義諸国の「失敗」で、マルクス主義の存在意義が疑われるようになり、その「復権」を考えたい人が安藤昌益に活路を見出したくなる、という二一世紀の研究動向もあるだろう。私個人は、ルソーもヘーゲルもマルクスも哲学教科書の一部としてきたから、昌益に学びたい気持ちはある。

ただし、昌益も「時代の落とし子」である（もちろんルソーもヘーゲルもマルクスも）。「二一世紀に甦る安藤昌益」というスローガンは、一面では魅力を放つ。あの時代にはあまりに急進的すぎて、「忘れられた」「隠された」思想であり、「早すぎた思想に今やっと時代が追いついた」という表現は可能ではある。「百年後を期した思想」は、一〇〇年どころか二七〇年後にやっと日の目を見ることになりそうだ。それでもやはり、昌益は一七〇〇年代中盤のみの人生である。二一世紀の時代環境を見越せているわけではない。その理想の理念から我々が読み取れる現代的教訓はたしかにある。とはいえ、教訓は現代直結の正解ではない。そこは夢を見過ぎず、冷静に、時には冷徹になりながら、安藤昌益の「共に産する」思想を有効に使いたい。

関連人物コラム16 狩野亨吉とノーマン——安藤昌益の発見者

安藤昌益は、「早すぎた革命思想家」であり、「隠された危険思想家」とも言えるが、ならば後世の誰によって「発見」され「評価」されたのか。狩野亨吉（かのう・こうきち。一八六五—一九四二）とエドガートン・ハーバート・ノーマン（Edgerton Herbert Norman 一九〇九—五七）のおかげである。

狩野亨吉は、東京帝国大学で数学と哲学を学び、旧制一高校長や京都帝国大学文科大学学長（今で言う文学部長）を務めた教育者である。皇太子（のちの昭和天皇）の教育係を打診された時には「自分は危険思想の持ち主だから」と言って辞退した、という逸話がある。一八九九年に安藤昌益の『自然真営道』を発見し、一九二八年の『岩波講座 世界思潮』に「安藤昌益」を発表した。

ノーマンは、在日カナダ人宣教師の子として軽井沢で生まれた。トロント大学、ケンブリッジ大学、ハーバード大学で学ぶころは社会主義・共産主義に共鳴していた。カナダ外交官として活躍し、第二次大戦後はＧＨＱの要請で来日して通訳を務めた。ＧＨＱの日本民主化計画に携わりながら日本史研究を深め、一九四九年に『忘れられた思想家——安藤昌益のこと』を発表した。時々の「左翼的」発言が災いして「ソ連のスパイ」との容疑をかけられ、自殺に追い込まれた。

一人で全部書いてみる――その大胆な挑戦が本書である。各思想家の人物史まで調べて要約すること、思想の要点を詳細すぎず簡潔すぎず記述すること、時代と向き合った姿勢を見て取り今という時代を考える参考材料を得ること、これら全てを満たそうというのは大それた企てで、この挑戦が有意味であったかどうかは読者の皆さんの評価を待ちたい。

例えばロックなら、イングランド市民革命史とともに深く研究した先行研究者が何人もいるし、研究書も多数出ている。ルソーについても同様である。そこに私が、「一思想家ごとに一章」という形で、どれほどのことを語れるのだろうか。ルターやカルヴァンについて書くなら、宗教学の研究が追いつくだろうか。日本の思想家も併記するのなら、どんな準備研究をすれば著書に取り入れる水準になるのだろうか。研究と執筆に苦悩はあった。

私が責任編集人となって各章を分野別の専門研究者に分担してもらうという方法はあった。しかし、ヨーロッパ思想史なら近代化の意味と教養市民の成長、日本思想史なら天下泰平と見える裏にある新思考の芽生え、その大きなベクトルを一貫した思索と表現で各章に浮かび上がらせていくには、私なりの理念を携えて責任をもって書きとおすのが一番ふさわしい、という決意に至った。

例えば、日本の思想家たちを研究して叙述するとき、彼らが抱いていた社会秩序の感覚、階層・階級についての意識（ときに無自覚的意識）をどうとらえるかは、私にとって重大な関心事であった。日本近世と言えば江戸泰平期である。戦乱期でない中での武士の存在意義を彼らはどう考えたのか。町人は「市民」たりえたのか。やがては江戸末期の討幕運動や明治期の文明開化につながる「思想的地熱」はどう蓄えられたのか。私なりの歴史観があるのなら、私自身が準備を重ねて、自分で書き切るのが使命だろう、と考えたのである。

私のような哲学・思想系の大学教員は、自分の専門が例えばヘーゲル研究であっても、大学講義では古代ギリシアから現代正義論まで語る、といったカリキュラムを設計する。生命倫理・環境倫理など応用倫理学の科目も設ける。日本思想、東洋思想を語れる教員が他におらず、その分野も教育的には必要だと思えば、適切な科目の一部として準備する。自身の力量と、研究に割ける時間と、教育者としての職業寿命とを考えて、やっと本書を世に問うところまでたどり着いた。

思想史の書としては、大胆ではありながらも、標準的な内容を適切にまとめたつもりである。一般の人たちや大学生の知識整理と思索の一助になれば幸いである。

なお、本書のヨーロッパ思想編は全て書き下ろしであるが、日本思想編は準備年数を重ねる途中で、大学紀要に第一草稿を論文として公表している（「日本近世の社会思想史としての位置づけ」―長野大学紀要通巻一四〇号・二〇一七年一一月、「日本思想史のルネサンスとしての古学」―同一四一号・二〇一八年三月、「近世の日本独自の思想」―同一四二号・二〇一八年七月）。その反響も参考にして、加筆修正したものが本書の日本思想編である。

日本思想編のめどがついてからヨーロッパ思想編に取りかかったのだが、こちらは昔からの研究メモと講義ノートがあるとはいえ、著書にするとなると格闘の連続で、予定より時間がかかった。気長に待ってくださった晃洋書房の編集の方々に、この場を借りてお礼申し上げる。ありがとうございました。

二〇二〇年七月　コロナ禍の大学研究室にて

徳永哲也

参考文献

第1章

宇野重規『西洋政治思想史』、有斐閣、二〇一三年。

小笠原弘親・小野紀明・藤原保信『政治思想史』、有斐閣、一九八七年。

坂本達哉『社会思想の歴史――マキアヴェリからロールズまで』、名古屋大学出版会、二〇一四年。

佐々木毅・鷲見誠一・杉田敦『西洋政治思想史』、北樹出版、一九九五年。

橋本剛編著『社会思想史』、青木書店、一九八一年。

福田歓一『近代の政治思想――その現実的・理論的諸前提』、岩波書店、一九七〇年。

水田洋『社会思想小史』(新版増補)、ミネルヴァ書房、一九九八年。

峰島旭雄編著『概説西洋哲学史』、ミネルヴァ書房、一九八九年。

山脇直司『ヨーロッパ社会思想史』、東京大学出版会、一九九二年。

第2章

会田雄次責任編集『マキアヴェリ 世界の名著16』、中央公論社、一九六六年。

鹿子生浩輝『マキアヴェッリ――『君主論』をよむ』、岩波書店、二〇一九年。

樺山紘一『ルネサンス』、講談社、一九九三年。

佐々木毅『マキアヴェッリ 人類の知的遺産24』、講談社、一九七八年。

ブリヨン、マルセル『マキャヴェリ』(新装版)、生田耕作・高塚洋太郎訳、みすず書房、一九九八年。

マキアヴェリ、ニッコロ『ディスコルシ――「ローマ史」論』、永井三明訳、筑摩書房、二〇一一年。

第3章

ガイ、ジョン『トマス・モア』、門間都喜郎訳、晃洋書房、二〇〇七年。

沓掛良彦・高田康成訳『エラスムス＝トマス・モア往復書簡』、岩波書店、二〇一五年。

澤田昭夫・田村秀夫・P・ミルワード篇『トマス・モアとその時代』、研究社出版、一九七八年。

塚田富治『トマス・モアの政治思想』、木鐸社、一九七八年。

モア、トマス『改版ユートピア』、澤田昭夫訳、中央公論社、一九九三年。

渡辺一夫責任編集『エラスムス　トマス・モア　世界の名著17』、中央公論社、一九六九年。

第4章

今井晋『ルター　人類の知的遺産26』、講談社、一九八二年。

徳善義和『マルティン・ルター――ことばに生きた改革者』、岩波書店、二〇一二年。

トレルチ、エルンスト『ルネサンスと宗教改革』、内田芳明訳、岩波書店、一九五九年。

西村貞二『ルネサンスと宗教改革』、講談社、一九九三年。

松田智雄責任編集『ルター　世界の名著18』、中央公論社、一九六九年。

ルター、マルティン『宗教改革著作集第三巻　ルターとその周辺I』、徳善義和・俊野文雄・三浦謙訳、教文館、一九八三年。

ルター研究所編著『『キリスト者の自由』を読む』、リトン、二〇一六年。

第5章

ウェーバー、マックス『プロテスタンティズムの倫理と資本主義の精神』、梶山力・大塚久雄訳、岩波書店、（上）一九五五年、（下）一九六二年。

カルヴァン、ジャン『キリスト教綱要』、新教出版社、（I）（II）一九六二年、（III1）一九六三年、（III2）（IV1）一九六四年、（IV2）一九六五年。

久米あつみ『カルヴァン　人類の知的遺産28』、講談社、一九八〇年。

小泉徹『宗教改革とその時代　世界史リブレット27』、山川出版社、一九九六年。

バトルズ、フォード・ルイス『キリスト教綱要を読む人のために――7行で読むカルヴァン』、金田幸男・高崎毅志訳、一麦出版社、二〇〇九年。

渡辺信夫『カルヴァンの『キリスト教綱要』について』、神戸改革派神学校、一九九八年。

渡辺信夫『カルヴァンの『キリスト教綱要』を読む』、新教出版社、二〇〇七年。

第6章

重田園江『社会契約論――ホッブズ、ヒューム、ルソー、ロールズ』、筑摩書房、二〇一三年。

田中浩『ホッブズ――リヴァイアサンの哲学者』、岩波書店、二〇一六年。

寺島俊穂『政治哲学概説』、法律文化社、二〇一九年。

永井道雄責任編集『ホッブズ　世界の名著23』、中央公論社、一九七一年。

中村健吾編著『古典から読み解く社会思想史』、ミネルヴァ書房、二〇〇九年。

中村敏子『トマス・ホッブズの母権論――国家の権力　家族の権力』、法政大学出版局、二〇一七年。

ボッビオ、ノルベルト『ホッブズの哲学体系――「生命の安全」と「平和主義」』、田中浩・中村勝己・千葉伸明訳、未來社、二〇一八年。

ホッブズ、トマス『リヴァイアサン』、水田洋訳、(一)一九五四年、(二)一九六四年、(三)一九八二年、(四)一九八五年。

第7章

大槻春彦責任編集『ロック　ヒューム　世界の名著27』、中央公論社、一九六八年。

加藤節『ジョン・ロック――神と人間との間』、岩波書店、二〇一八年。

下川潔『ジョン・ロックの自由主義政治哲学』、名古屋大学出版会、二〇〇〇年。

三浦永光『ジョン・ロックの市民的世界――人権・知性・自然観』、未來社、一九九七年。

山田園子『ジョン・ロック『寛容論』の研究』、渓水社、二〇〇六年。

ロック、ジョン『市民政府論』、鵜飼信成訳、岩波書店、一九六八年。

ロック、ジョン『ロック政治論集』、ゴルディ、マーク編、山田園子・吉村伸夫訳、法政大学出版局、二〇〇七年。

第8章

井上幸治責任編集『モンテスキュー　世界の名著28』、中央公論社、一九七二年。

植村邦彦『隠された奴隷制』、集英社、二〇一九年。

スタロバンスキー、ジャン『モンテスキュー――その生涯と思想』、古賀英三郎・高橋誠訳、法政大学出版局、一九九三年。

デュルケーム、エミール『モンテスキューとルソー』、小関藤一郎・川喜田喬訳、法政大学出版局、一九七五年。

バック＝モース、スーザン『ヘーゲルとハイチ――普遍史の可能性にむけて』、岩崎稔・高橋明史訳、法政大学出版局、二〇一七年。

保苅瑞穂『ヴォルテールの世紀――精神の自由への軌跡』、岩波書店、二〇〇九年。

モンテスキュー、シャルル＝ルイ・ド『法の精神』、野田良之・稲本洋之助・上原行雄・田中治男・三辺博之・横田地弘訳、岩波書店、（上）（中）（下）一九八九年。

第9章

串田孫一責任編集『ヴォルテール　ディドロ　ダランベール　世界の名著29』、中央公論社、一九七〇年。

新堀通也『ルソー再興』、福村出版、一九七九年。

土橋貴『概論　ルソーの政治思想――自然と歴史の対立およびその止揚』、御茶の水書房、二〇一一年。

仲島陽一『ルソーと人間の倫理――自由・平等・友愛に向かって』北樹出版、二〇一九年。

平岡昇責任編集『ルソー　世界の名著30』、中央公論社、一九六六年。

山本周次『ルソーの政治思想――コスモロジーへの旅』、ミネルヴァ書房、二〇〇〇年。

ルソー、ジャン＝ジャック『学問芸術論』、前川貞次郎訳、岩波書店、一九六八年。

ルソー、ジャン＝ジャック『社会契約論』、作田啓一訳、白水社、二〇一〇年。

ルソー、ジャン＝ジャック『人間不平等起源論』（改訳）、本田喜代治・平岡昇訳、岩波書店、一九七二年。

第10章

子安宣邦『江戸思想史講義』、岩波書店、二〇一〇年。

相良亨・松本三之介・源了圓編『江戸の思想家たち』、研究社出版、（上）（下）一九七九年。

佐藤弘夫編集代表『概説日本思想史』、ミネルヴァ書房、二〇〇五年。

清水正之『日本思想全史』、筑摩書房、二〇一四年。

田尻祐一郎『江戸の思想史』、中央公論新社、二〇一一年。

中野剛志『日本思想史新論』、筑摩書房、二〇一二年。

源了圓『徳川思想小史』、中央公論新社、一九七三年。

湯浅邦弘編著『概説中国思想史』、ミネルヴァ書房、二〇一〇年。

渡辺浩『日本政治思想史——十七〜十九世紀』、東京大学出版会、二〇一〇年。

第11章

荒木見悟責任編集『朱子　王陽明　中公バックス世界の名著19』、中央公論社、一九七八年。

猪口篤志・俣野太郎『藤原惺窩・松永尺五　叢書・日本の思想家1』、明徳出版社、一九八二年。

宇野茂彦『林羅山・（附）林鵞峰　叢書・日本の思想家2』、明徳出版社、一九九二年。

鈴木健一『林羅山——書を読みて未だ倦まず』、ミネルヴァ書房、二〇一二年。

堀勇雄『林羅山』（新装版）、吉川弘文館、一九九〇年。

三浦国雄『朱子　人類の知的遺産19』、講談社、一九七九年。

渡辺浩『近世日本社会と宋学』（増補新装版）、東京大学出版会、二〇一〇年。

第12章

大西晴隆『王陽明　人類の知的遺産25』、講談社、一九七九年。

小倉紀蔵『入門　朱子学と陽明学』、筑摩書房、二〇一二年。

島田虔次『朱子学と陽明学』、岩波書店、一九六七年。

高柳俊哉『中江藤樹の生涯と思想——藤樹学の現代的意義』、行人社、二〇〇四年。

中江彰『中江藤樹の生き方』、明徳出版社、二〇〇九年。

中江彰編『中江藤樹のことば』、登龍館、二〇〇六年。

中江藤樹『中江藤樹　『翁問答』』、城島明彦現代語訳、致知出版社、二〇一七年。

第13章

荒井桂『山鹿素行「中朝事実」を読む』、致知出版社、二〇一五年。

川口雅昭『山鹿素行修養訓』、致知出版社、二〇一七年。

菅野覚明・栗原剛・木澤景・菅原令子訳、注、校訂『葉隠』、講談社、(上)二〇一七年、(中)(下)二〇一八年。

佐佐木杜太郎『山鹿素行　叢書・日本の思想家8』、明徳出版社、一九七八年。

多田顕『武士道の倫理――山鹿素行の場合』、永安幸正編、麗澤大学出版会、二〇一六年。

山鹿素行『聖教要録・配所残筆』、土田健次郎訳、講談社、二〇〇一年。

第14章

伊藤仁斎『童子問』、清水茂校注、岩波書店、一九七〇年。

伊東倫厚『伊藤仁斎・(附)伊藤東涯　叢書・日本の思想家10』、明徳出版社、一九八三年。

貝塚茂樹責任編集『孔子　孟子　世界の名著3』、中央公論社、一九六六年。

子安宣邦『仁斎論語――『論語古義』現代語訳と評釈』、ぺりかん社、(上)(下)二〇一七年。

山本正身『伊藤仁斎の思想世界』、慶應義塾大学三田哲学会、二〇一五年。

吉川幸次郎『仁斎・徂徠・宣長』、岩波書店、一九七五年。

第15章

小島康敬『徂徠学と反徂徠』、ぺりかん社、一九八七年。

佐藤雅美『知の巨人――荻生徂徠伝』、KADOKAWA、二〇一六年。

柴田篤・辺士名朝邦『中村惕斎・室鳩巣　叢書・日本の思想家11』、明徳出版社、一九八三年。

田尻祐一郎『荻生徂徠　叢書・日本の思想家15』、明徳出版社、二〇〇八年。

西晋一郎講述『日本儒教の精神――朱子学・仁斎学・徂徠学』、木南卓一校合増補、渓水社、一九九八年。

尾藤正英抄訳『荻生徂徠「政談」』、講談社、二〇一三年。

第16章

今野華都子『はじめて読む人の「古事記」』、致知出版社、二〇一八年。

神野志隆光『本居宣長『古事記伝』を読む』、講談社、(Ⅰ)二〇一〇年、(Ⅱ)二〇一一年、(Ⅲ)二〇一二年、(Ⅳ)二〇一四年。

田中康二『本居宣長』、中央公論新社、二〇一四年。

本居宣長『本居宣長「うひ山ぶみ」』、白石良夫全訳注、講談社、二〇〇九年。

本居宣長『本居宣長『うひ山ぶみ』』、濱田浩一郎現代語訳、致知出版社、二〇一七年。

吉田悦之『宣長にまねぶ』、致知出版社、二〇一七年。

吉田悦之『日本人のこころの言葉　本居宣長』、創元社、二〇一五年。

渡辺清恵『不可解な思想家　本居宣長――その思想構造と「真心」』、岩田書院、二〇一一年。

第17章

石田梅岩『石田梅岩『都鄙問答』』、城島明彦現代語訳、致知出版社、二〇一六年。

黒川康徳『今こそ石田梅岩に学ぶ！　新時代の石門心学』、日本地域社会研究所、二〇一九年。

柴田実『石田梅岩』（新装版）、吉川弘文館、一九八八年。

寺田一清編『石田梅岩のことば』、登龍館、二〇〇七年。

森和朗『甦る自由の思想家　鈴木正三』、鳥影社、二〇一〇年。

森田健司『石門心学と近代――思想史学からの近接』、八千代出版、二〇一二年。

由井常彦『『都鄙問答』と石門心学――近世の市場経済と日本の経済学・経営学』冨山房インターナショナル、二〇一九年。

第18章

安藤昌益『統道真伝』、奈良本辰也訳注、岩波書店、（上）一九六六年、（下）一九六七年。

安藤昌益『刊本　自然真営道1・2・3』（安藤昌益全集第13巻）、安藤昌益研究会編、農山漁村文化協会、一九八六年。

安藤昌益『稿本　自然真営道』（大序巻、第24巻、第25巻）、安永寿延校注、平凡社、一九八一年。

石渡博明『安藤昌益の世界』、草思社、二〇〇七年。

石渡博明・児島博紀・添田善雄編『現代（いま）に生きる安藤昌益』、御茶の水書房、二〇一二年。

東条栄喜『安藤昌益の自然思想』、安藤昌益と千住宿の関係を調べる会、二〇〇六年。

尾藤正英・松本健一・石渡博明編著『日本アンソロジー　安藤昌益』光芒社、二〇〇二年。

山崎庸男『安藤昌益の実像――近代的視点を超えて』、農山漁村文化協会、二〇一六年。

渡辺大濤『安藤昌益と自然真営道』、農山漁村文化協会、一九九五年。

《著者紹介》

徳 永 哲 也（とくなが　てつや）

1959年　大阪府に生まれる
1983年　東京大学文学部卒業
1996年　大阪大学大学院文学研究科博士課程単位取得満期退学
現　在　長野大学環境ツーリズム学部教授（専攻＝哲学・倫理学）

主要業績
単　著　『はじめて学ぶ生命・環境倫理――「生命圏の倫理学」を求めて』（ナカニシヤ出版，2003年）
『たてなおしの福祉哲学――哲学的知恵を実践的提言に！』（晃洋書房，2007年）
『ベーシック　生命・環境倫理――「生命圏の倫理学」序説』（世界思想社，2013年）
『プラクティカル　生命・環境倫理――「生命圏の倫理学」の展開』（世界思想社，2015年）
編　著　『福祉と人間の考え方』（ナカニシヤ出版，2007年）
『安全・安心を問いなおす』（郷土出版社，2009年）
『シリーズ生命倫理学８　高齢者・難病患者・障害者の医療福祉』（共編，丸善出版，2012年）
訳　書　『生命倫理百科事典』（共訳・編集委員，丸善，2007年）

今を考えるための近世思想
――時代と向き合った日欧16人の思想家――

2020年10月30日　初版第１刷発行　　＊定価はカバーに表示してあります

著　者　徳 永 哲 也©
発行者　萩 原 淳 平
印刷者　江 戸 孝 典

発行所　株式会社　晃 洋 書 房
〒615-0026　京都市右京区西院北矢掛町７番地
電話　075（312）0788番㈹
振替口座　01040-6-32280

装丁　尾崎閑也　　印刷・製本　共同印刷工業㈱
ISBN978-4-7710-3401-3